# СИТУАЦИОННОЕ УПРАВЛЕНИЕ ЛАТЕНТНЫМИ РИСКАМИ ОРГАНИЗАЦИИ

# 企业潜在风险的情境管理研究

刘春光 著

人民交通出版社股份有限公司
China Communications Press Co.,Ltd.

## 内 容 提 要

本书研究了组织潜在风险情境管理领域的理论和方法论。为了实现研究目标，本书主要研究以下内容：分析企业的内外部潜在风险并明确其产生的原因；分析风险情境管理的特性；研究组织潜在风险管理机制的形成机制；建立组织潜在风险管理模型；分析情境管理中使用战略和战术管理工具的方法；系统地评估外部和内部潜在风险因素对组织经济活动对象的影响程度；评估战略管理决策在风险管理中的有效性。

本书可为从事金融行业和企业风险管理的中外学者提供学术研究参考，也可供具有俄语语言基础的研究生进行相关知识的学习。

**图书在版编目（CIP）数据**

企业潜在风险的情境管理研究 / 刘春光著 . —北京：人民交通出版社股份有限公司，2019.1

ISBN 978-7-114-15092-0

Ⅰ . ①企… Ⅱ . ①刘… Ⅲ . ①企业潜在—风险管理—研究 Ⅳ . ① F272.35

中国版本图书馆 CIP 数据核字（2018）第 238885 号

**书　　名：** 企业潜在风险的情境管理研究
**著 作 者：** 刘春光
**责任编辑：** 翁志新
**责任校对：** 刘　芹
**责任印制：** 张　凯
**出版发行：** 人民交通出版社股份有限公司
**地　　址：**（100011）北京市朝阳区安定门外外馆斜街 3 号
**网　　址：** http://www.ccpress.com.cn
**销售电话：**（010）59757973
**总 经 销：** 人民交通出版社股份有限公司发行部
**经　　销：** 各地新华书店
**印　　刷：** 北京虎彩文化传播有限公司
**开　　本：** 787×1092　1/16
**印　　张：** 9.5
**字　　数：** 214 千
**版　　次：** 2019 年 1 月　第 1 版
**印　　次：** 2019 年 1 月　第 1 次印刷
**书　　号：** ISBN 978-7-114-15092-0
**定　　价：** 38.00 元

# 前　言

企业经济活动的成功取决于所选择的发展和发展战略的正确性，这是在不断变化的内部和外部环境下实现的。这种变化以及管理者的错误决策是阻碍组织在市场上有效运作的主要风险来源。因此，在风险因素影响的情况下，评估和保障组织管理有效性问题在科学管理实践中日益突出。

国内外经验表明，大部分的风险决策是在风险条件下进行的。企业风险管理体系的管理目标不应仅是明确的，充分研究的风险管理，还要找出并减少隐藏的、潜在的企业风险。潜在风险管理、对其产生因素和原因的影响，对于企业的管理实践非常重要。在企业的内外部环境不稳定的情况下，风险管理应具有情景特征。情形管理要根据每一具体情形产生的问题而采取管理决策。本课题研究的目标在于研发组织潜在风险情境管理领域的理论和方法论，并给出实际的对策。

本课题为山东交通学院博士科研启动基金资助项目。由于作者水平有限，本书难免有不足之处，敬请读者给予批评指正。

作　者

2018年6月

# ОГЛАВЛЕНИЕ

**ВВЕДЕНИЕ** ······ **1**

**ГЛАВА 1 ТЕОРЕТИЧЕСКИЕ АСПЕКТЫ СИТУАЦИОННОГО УПРАВЛЕНИЯ ЛАТЕНТНЫМИ РИСКАМИ ОРГАНИЗАЦИИ** ······ **8**

1.1 Идентификация рисковых ситуаций в организации ······ 8

1.2 Управление латентными рисками организации ······ 23

1.3 Понятие ситуационного управления рисками хозяйственной и экономической деятельности организаций ······ 35

**ГЛАВА 2 МЕТОДИЧЕСКИЕ ОСНОВЫ СИТУАЦИОННОГО УПРАВЛЕНИЯ ЛАТЕНТНЫМИ РИСКАМИ ОРГАНИЗАЦИИ** ······ **60**

2.1 Стратегическое управление рисковыми ситуациями в организации ······ 60

2.2 Методы анализа латентных переменных, характеризующих латентные риски организации ······ 73

2.3 Создание и управление резервной системой организации для минимизации латентных рисков ······ 84

**ГЛАВА 3 МЕХАНИЗМ СТРАТЕГИЧЕСКОГО УПРАВЛЕНИЯ РИСКАМИ И ЕГО АПРОБАЦИЯ НА ПРИМЕРЕ ОРГАНИЗАЦИЙ РАЗЛИЧНЫХ ВИДОВ ДЕЯТЕЛЬНОСТИ** ······ **96**

3.1 Выявление и анализ латентных рисков организации ······ 96

3.2 Интеграция системы управления рисками в резервную систему организаций ······ 106

3.3 Апробация стратегического управления латентными рисками в деятельности организаций ······ 115

**ЗАКЛЮЧЕНИЕ** ······ **128**

**СПИСОК ЛИТЕРАТУРЫ** ······ **131**

# ВВЕДЕНИЕ

**Актуальность темы.** Успех хозяйственной деятельности организаций зависит от правильности выбранной стратегии развития и функционирования, которая реализуется в условиях изменчивой внутренней и внешней среды. Эта изменчивость, наряду с ошибками менеджеров, является основным источником рисков, препятствующих эффективной деятельности организаций на рынке. Вследствие изложенного, в науке и практике менеджмента усилилось внимание к проблемам оценки и обеспечения эффективности управления организациями под влиянием факторов риска.

Как свидетельствует отечественный и мировой опыт, большинство управленческих решений принимается в условиях риска, при этом присутствует ряд факторов: неопределенности внешней и внутренней среды, элементы случайности, отсутствие информации, что вызывает отклонение фактических результатов от планируемых. Для нивелирования этих отклонений, система риск-менеджмента организации должна ориентироваться не только на управление явными, классифицированными и подробно изученными в науке и практике рисками деятельности хозяйствующего субъекта, но и на идентификацию и минимизацию скрытых, неявных, латентных рисков, проявляющихся в неучтенном, но предполагаемом вероятном негативном воздействии на организацию.

Управление латентными рисками, в частности, воздействие на факторы и причины латентных рисков, крайне важно для практики управления, поскольку позволяет более качественно и точно оценить уровень функционирования организации, провести сравнительный анализ и мониторинг объектов, подверженных влиянию латентного риска, что позволяет принять эффективные управленческие решения стратегического и оперативного характера.

В условиях нестабильной внешней и внутренней среды организации, управление рисками, как явными, так и латентными, должно носить ситуационный характер, что предполагает принятие управленческих решений по мере возникновения проблем в соответствии со складывающейся экономической ситуацией. Ситуационное управление латентными рисками предполагает управлением ресурсами и деятельностью организации в конкретных экономических условиях, выявление факторов латентного риска, оценку вероятности и степени их воздействия на конкретные объекты хозяйственной деятельности, принятие эффективных управленческих решений стратегического и оперативного характера, смягчающих, а-в идеале—исключающих, воздействие латентного риска.

Актуальность поставленной научной проблемы определяет необходимость научного обоснования, а также внедрения и реализации в практической деятельности организаций ситуационного управления латентными рисками.

**Степень научной разработанности проблемы.** Среди зарубежных работ, посвященных исследованию рисков, наибольшую известность получили труды классиков риск-менеджмента: Т. Бартона, П. Бернстайна, Т. Бочкаи, Дж. Кейнса, М. Маккатри, Г. Марковица, А. Маршалла, Д. Месена, Д. Мико, Т. Моса, О. Моргенштейна, Ф Найта, Дж. фон Неймана, Р. Плата, К. Рэдхэда, А. Смита, Л. Сэвэджа, П. Уокера, Т. Флинна, Б. Хеджерса, С. Хьюса, Э. Шиди, М. Шоулза, У. Шенкира и др.

Существенный вклад в исследование современных аспектов риск-менеджмента, в частности вопросов идентификации, классификации, разработки методов и способов оценки и минимизации рисков внесли такие российские и китайские ученые, как А.Г. Бадалова, М.И. Баканов, К.В. Балдин, А.Г. Баталова, А.В. Баженов, В.П. Буянов, С.В. Валдайцев, В.Г. Варнавский, С.М. Васин, Я.Д. Вишняков, С.Н. Воробьев, В.И. Воропаев, С.Ю. Глазьев, О.Н. Гримашевич, Лян Вэнь, Г.З. Низамова, Н.В. Ряскова, Н.Г. Плетнева, Сюй Цзиньлян, Б.П. Титаренко, Е.Д. Трушковская, Р.А. Фалтинский, Цзинь Сяотун, С.К. Швец, А.Д. Шеремет, Шэнь Хунцзюнь, В. Е. Шкурко, О.А. Ястребов и др.

Теоретические и методологические основы стратегического управления, с учётом рисков, нашли отражение в разработках И. Ансоффа, А. Асаула, М. Алле, Р. Баззела, В. Баксала, Ю. Бригхема, Ю. Вертаковой, А. Гапоненко, Б. Гейла, П. Друкера, Р. Каплана, Р. Коха, Г. Крохичевой, Ф. Вилнерса, Дж. Гитмана, А. Гентлера, М. Джона, А. Кинга, Д. Маурика, Г. Минцберга, Х. Панкрухина, В. Плотникова, Б. Райна, А. Томсона, Дж. Шпака, А. Щемелева, Ф. Янсена и др.

Проблемы ситуационного управления в разных его аспектах рассмотрены в трудах Т. Берне, Й. Беккера, К. Бланшара, П. Блау, О'Доннела, Ю. Екатеринославского, Ю. Клыкова, Г. Кунца, Дж. Лорш, П. Лоуренса, Д. Поспелова, Д. Пью, Дж. Сталкера, А. Чэндлера, М. Хаммера, Д. Хиксона, Н. Шаш, Р. Шенхера и др.

Латентность, методы анализа латентных переменных, а также особенности управления латентными рисками изложены в работах таких авторов как В. Аванесов, Г. Батыгин, Е. Березовская, К. Боллин, И. Гурьев, А. Друзенко, В. Добровольская, О. Митина, Дж. Нанали, А. Становский, Г. Харман, И. Щедров и др.

Изучение литературных источников показывает, что, несмотря на большое количество работ по вышеизложенным проблемам, ряд аспектов исследован в недостаточной степени. Проведенные исследования показали, что вопросы ситуационного управления, структурирования рисковых ситуаций, выявления факторов, обуславливающих возникновение латентных рисков, оценки вероятности и степени влияния факторов латентных рисков на организации исследованы в недостаточной степени. В результате возникает необходимость в научном обосновании, разработке теоретико-методических и практических решений в области ситуационного управления латентными рисками организаций.

**Целью диссертационной работы** является разработка теоретико-методических, а также практических рекомендаций в области ситуационного управления латентными рисками организаций.

Для достижения поставленной цели в работе были сформулированы и решены следующие основные задачи:

– выявить причины возникновения внешних и внутренних латентных рисков организации, систематизировать особенности ситуационного управления латентными рисками организации;
– обосновать необходимость интеграции системы управления рисками в резервную систему организации для эффективного управления латентными рисками;
– доказать необходимость стратегического и тактического управления латентными рисками, изучить методы и построить модели управления латентными рисками организации;
– оценить степень воздействия внешних и внутренних факторов латентных рисков на объекты хозяйственной деятельности организации;
– сформировать предложения по развитию инструментария оценки эффективности управленческих стратегических решений по регулированию рисковых ситуаций.

**Объектом исследования** являются организации, осуществляющие ситуационное управление латентными рискам. Прикладные исследования и разработки выполнены на материалах российских и китайских организаций.

**Предмет исследования** – организационно-управленческие отношения, возникающие при ситуационном управлении латентными рисками организации.

**Область исследования.** Работа выполнена в соответствии с Паспортом научной специальности 08.00.05 – Экономика и управление народным хозяйством (менеджмент): п. 10.11. Процесс управления организацией, её отдельными подсистемами и функциями. Механизмы и методы принятия и реализации управленческих решений. Риск-менеджмент.

**Теоретическую и методическую базу исследования** составили научные труды российских и зарубежных исследователей в области теории и практики риск-менеджмента. Исследование базируется на официальных данных и фактах, согласуется с экспериментальными данными по теме диссертации. Степень достоверности результатов исследования и разработанных положений определяется применением системного подхода к рассмотрению ключевых процессов разработки и реализации стратегий развития хозяйствующих субъектов в условиях риска, обобщением передовых методических положений зарубежных и отечественных ученых в области ситуационного управления латентными рисками.

В исследовании использовалась совокупность логико-исторических, статистических и социологических методов изучения ситуационного управления латентными рисками организации, общенаучные методы анализа, статистические и графические методы, методы экспертных оценок.

**Информационно-эмпирическую базу исследования** составляют статистическая и аналитическая информация Федеральной службы государственной статистики, Национального бюро статистики КНР, нормативно-правовая база России и Китая, публичная отчётность организаций России и Китая; материалы, представленные в научной и периодической печати, размещенные в открытом доступе электронные ресурсы; результаты полученных в ходе исследования экспертных оценок и авторских расчётов.

**Научная новизна результатов исследования заключается** в разработке научно-методического аппарата ситуационного управления рисками организации в условиях нестабильной внешней и внутренней среды, отличающегося учётом латентного характера рисков.

Наиболее существенными результатами, полученными лично автором, содержащими элементы научной новизны и выносимыми для публичной защиты, являются следующие:

1. Введены в научный оборот объекты внешнего (ситуации во фракталах времени и пространства, стратегические инициативы, собственность, затраты и себестоимость, инновации, венчурный капитал) и внутреннего (резервная система предприятия, рыночная составляющая, операционная составляющая, кредитная составляющая) латентного риска организации, подход к их выделению отличается авторской систематизацией причин возникновения внешних (политические, экономические, социальные и технологические) и внутренних (операционные, кредитные, рыночные) латентных рисков и позволяет не только обосновать необходимость ситуационного управления латентными рисками, но и специфицировать его ключевые особенности;

2. Предложен механизм формирования резервной системы организации, отличающийся интеграцией в него подсистемы управления латентными рисками, что позволяет повысить эффективность риск-менеджмента за счёт ситуативной мобилизации внутренних и внешних ресурсов для противодействия латентным рискам организации;

3. Разработана модель управления латентными рисками организации, отличающаяся интеграцией контуров стратегического и тактического управления

латентными рисками с учётом влияния внешних и внутренних факторов латентного риска, что позволило обосновать подходы к ситуативному использованию инструментария стратегического менеджмента и тактического управления организациями, ориентированные на минимизацию латентных рисков;

4. Разработан методический подход к оценке степени воздействия внешних и внутренних факторов латентных рисков на объекты хозяйственной деятельности организации, отличающийся использованием экспертно-статистических процедур оценки латентного риска, что позволяет не только количественно оценить латентные риски, но и визуализировать полученные результаты на картах латентных рисков, а также научно обосновать приоритетные направления развития организации с учётом минимизации воздействия указанных факторов;

5. Разработана методика оценки эффективности управленческих стратегических решений по регулированию рисковых ситуаций, отличающаяся проведением оценки на основе соизмерения чистых активов с учётом резервной системы организации и на основе использования ресурсов информационного обеспечения системы менеджмента, которая позволяет обеспечить снижение неблагоприятных последствий риска до минимально-допустимого уровня за счёт реализации взаимосвязанных процедур идентификации, измерения и обработки риска.

**Теоретическая и практическая значимость исследования** состоит в том, что предложенные теоретические положения и методические разработки расширяют инструментарий риск-менеджмента за счёт количественного и качественного учёта латентных рисков, их систематизации и научного обоснования механизмов противодействия им. Результаты исследования доведены до уровня практических выводов и рекомендаций, которые могут быть использованы в деятельности организаций при реализации ситуационного управления латентными рисками, внедрения процедур оценки степени влияния факторов, обуславливающих латентные риски организации. Выявленные особенности создания и управления резервной системой организации для минимизации латентных рисков могут быть взяты на вооружение менеджерами компаний при управлении латентными рисками.

**Апробация работы и реализация результатов исследования.** Результаты диссертационного исследования докладывались на международных научно-практических конференциях «Строительство и архитектура-2015» (Ростов-на-Дону, 2015), «Строительство-2015» (Ростов-на-Дону, 2015), «Кластерные инициативы в формировании прогрессивной структуры национальной экономики» (Курск, 2017).

Результаты диссертационного исследования использованы при выполнении гранта Правительства провинции Шаньдунь (Китай) «Стратегия одного пояса, одного пути» в 2016 г. Материалы диссертационного исследования также нашли применение в учебном процессе ФГБОУ ВО «Юго-Западный государственный университет» при преподавании дисциплин «Управление рисками», «Оценка рисков», а также в системе подготовки и переподготовки руководителей и специалистов различных уровней.

**Публикации.** По теме диссертации опубликовано 12 печатных работ общим объемом 23,4 п.л., из них авторских 18,5 п.л., в том числе 4 статьи опубликовано в рецензированных научных изданиях, рекомендованных ВАК при Минобрнауки России. В опубликованных работах лично соискателем выявлены причины возникновения латентных рисков организации, обоснованы особенности ситуационного управления рисками организации; исследованы особенности стратегического и тактического управления латентными рисками, методы и модели управления латентными рисками организации; доказана необходимость создания резервной системы организации, интеграции системы управления рисками в резервную систему; проведена оценка явных и латентных рисков организации; разработаны рекомендации по развитию инструментария оценки эффективности управленческих стратегических решений в области риск-менеджмента.

**Структура и объем диссертационной работы.** Диссертация состоит из введения, трех глав, заключения, списка использованных источников, включающего 208 наименований. Диссертация содержит 47 рисунков и 20 таблиц.

Во введении обоснована актуальность темы, определены степень разработанности проблемы, цель, задачи, объект и предмет диссертационного исследования, сформулированы положения, выносимые на защиту, раскрыты научная новизна и значимость, представлены данные об апробации и внедрении результатов работы.

**В первой главе** «Теоретические аспекты ситуационного управления латентными рисками организации» исследованы особенности идентификации рисковых ситуаций в организации, выявлена специфика управления латентными рисками организации, изученб понятие  и особенности ситуационного управления рисками хозяйственной деятельности организаций.

**Во второй главе** «Методические основы ситуационного управления латентными рисками организации» исследованы методы стратегического управления рисковыми ситуациями в организации, проанализированы и обобщены  методы анализа латентных переменных, характеризующих латентные риски организации, доказана необюходимость создания и управления резервной системой организации для минимизации латентных рисков

В третьей главе «Механизм стратегического управления рисками и его апробация на примере организаций различных видов деятельности» проведена оценка степени влияния факторов латентных рисков на объекты хозяйственной деятельности организации, составлены карты латентных рисков, обоснована интеграция системы управления рисками в резервную систему организаций, представлена апробация стратегического управления латентными рисками в деятельности организаций, проведён анализ эффективности стратегических управленческих решений по регулированию рисковых ситуаций.

В заключении обобщены результаты диссертационного исследования, сформулированы выводы и предложения научного и практического характера.

# ГЛАВА 1

## ТЕОРЕТИЧЕСКИЕ АСПЕКТЫ СИТУАЦИОННОГО УПРАВЛЕНИЯ ЛАТЕНТНЫМИ РИСКАМИ ОРГАНИЗАЦИИ

### 1.1 Идентификация рисковых ситуаций в организации

С переходом на новые рыночные отношения изменился характер взаимоотношений между субъектами предпринимательства и государством. Экономическая самостоятельность предприятий наложила ответственность за результаты деятельности на сами предприятия.

Целью управления рисками является поддержание финансовой устойчивости компаний и снижение общей стоимости повреждения из-за различных рисков.

Питер Бернштейн в 1996 году считал, что во время эпохи Ренессанса человек уже хотел манипулировать бедствием или рисками. С возникновением теории вероятностей, люди начали оценивать стихийные бедствия на объективной научной основе[1]. Это способствовало возникновению теории риска и эмпирических исследований. Тогда ещё не было понятия управление рисками, но его функциональные эквиваленты – управление безопасностью и страхование уже развилось. В то время в сфере управления безопасностью и страхования, мышление управления рисками только для управления объективными физическими повреждениями существования. Реальное управление рисками возникло в 1950-е годы в США, тогда самое представительное управление рисками существовало в страховой отрасли. С 1970 по 1990 год был важным этапом в развитии управления рисками. В течение этого периода, с быстрым развитием экономики, общества, науки и техники, человечество начало сталкиваться с различными видами рисков. В 1979 году в США произошёл взрыв на Три Майл Айленд АЭС. В 1984 году в Индии произошла авария утечки газа на фабрике ядохимикатов американского совместного карбидного предприятия. Значительные технологические бедствия сыграли большую роль в продвижении развитии управления рисками в

1 Peter L. Bernstein. Against the Gods: The Remarkable Story of Risk. - Inc, John Wiley and Sons, 1996. – 426 p.

мире. В то время в институтах Америки появилась новая дисциплина управления, как персонал предприятия, имущества, ответственности и финансовые ресурсы могут быть защищены, это является началом формального управления рисками в академической сфере.

С 1990 года управление рисками вступило в новую фазу-этап целостного управления рисками. Целостное управления рисками сломало традиционное узкое понимание риска, а рассматривает и исследует риски как один комплекс. Две главные причины породили основной сдвиг: во-первых, из-за неправильного использования производных финансовых инструментов от финансовых потрясений, эта ситуация поспособствовала финансовому управлению рисками в дальнейшем развитии. Во-вторых, страхование и финансовая интеграция производных финансовых инструментов, сломали барьеры между рынком страхования и рынком капитала. Появление финансового перестрахования и облигации катастрофы риска является ярким примером. Новое управления рисками является управлением рисками в рамках всей компании, поэтому оно часто называется управление рисками компании или комплексное управление рисками. Его фокус наблюдения является целью хеджирования рисков и влиянием на стоимость целой компании. Это является новейшей разработкой в направлении теории управления рисками.

Гарри Макс Марковиц - первый учёный, который связал финансовые термины с рисками, например, возвращение и полезность. Его теория стала фундаментом финансов и была разработана позже, чтобы стать современной теорией портфеля инвестиции[1].

Модель ценообразования фьючерса Блейк - Скоулз была опубликована в 1973 году, эта модель считается вехой развития современной теории управления финансовыми рисками. Управление рисками в ценообразовании являлось производным в качестве основного содержания. Оно решило технические проблемы по хеджированию для трейдеров, поэтому называется управления рисками трейдеров. Эта теория заложила фундамент развития финансового инжиниринга. Развитие теория управления портфелем инвестиций, рынка производных ценных бумаг и финансового инжиниринга предоставляет комплексному систему по управлению рисками и создает необходимую почву и разнообразные инструменты по управлению рисками предприятия[2].

Один из принципов современной рыночной экономики – принцип непрерывной деятельности предприятия, т.е. после государственной регистрации оно должно осуществлять свою деятельность в обозримом будущем и в течение всей деятельности находиться в экономической безопасности, в связи с чем могут возникнуть различные

1 Markowitz H. Portfolio selection //The Journal of Finance, 1952 – T 7, Vol 1, pp. 77-91.

2 Бартон Т. Л., Шенкир У., Уокер П. Комплексный подход к риск-менеджменту: практика ведущих компаний. – М.: Издательский дом «Вильямс», 2008.

ситуации, которые повышают неопределенность и возникновение рисков. Большинство управленческих и стратегических решений принимаются в условиях риска, при этом присутствует ряд факторов (неопределенности внешней и внутренней среды, элементы случайности, отсутствие информации), что вызывает отклонение фактических результатов от запланированных. Возникает рисковая ситуация[1].

Исследуя ситуацию с рисковыми ситуациями на предприятиях возникает целесообразность апробации руководства внутреннего аудита №.16, разработанного Институтом внутренних аудиторов КНР, определяющего управление рисками как процесс принятия соответствующих мер по контролю за допустимым диапазоном риска на основе определения и оценки разных неопределённых событий, которые мешают выполнению цели организации. Данное руководство по управлению рисковых ситуаций обеспечит управление резервной системой предприятия и основными рисками на базе соответствующих принципов, инструментов финансового инжиниринга, системы оценок, алгоритма измерения рисков, мониторинга влияния риска на экономическую безопасность  и реализацию, принимаемых решений на основании вырабатываемой стратегии.

Основная процедура управления рисками включает в себя 5 этапов: сбор первоначальной информации управления рисками, оценка рисков, разработка стратегии управления рисками, предложение и реализация программы решения управления рисками, мониторинг  улучшение управления рисками. Основные определения и понятия по управлению рисками автором систематизированы в приложении 2.

Анализ принимаемых решений основывается на использовании показателей стоимости чистых активов и чистых пассивов, которые в методике представлены комплексом показателей: фактической стоимостью по данным бухгалтерского баланса в учётных ценах; скорректированной бухгалтерской стоимостью с учётом обнаруженных нарушений и отклонений от существующих правил и положений; стоимостью, определенной с учётом агрегатов резервной системы в рыночной оценке; стоимостью, определенной в результате управления соответствующими рисковыми ситуациями[2].

Оперативная, тактическая и стратегическая деятельность предприятия происходит в сложной экономической ситуации, которая характеризуется тремя комплексными факторами:

– определенной ситуацией, когда известны результаты и вероятность их наступления. Такая ситуация - скорее исключение из правил и составляет 15% – 20 % всех экономических ситуаций;

1 Буянов В. П. Управление рисками (рискология) / В. П. Буянов, К. А. Кирсанов, Л. А. Михайлов. М. : Экзамен, 2002. – 384 с.

2 Васин С. М. Управление рисками на предприятии: учеб. пособие / С. М. Васин, В. С. Шутов М. : КНОРУС, 2010. – 304 с.

– рискованными ситуациями, когда результат прогнозируем, но его наступление носит многовариантный характер, которым необходимо управлять. Такие ситуации составляют 50% – 70 % в экономической жизни предприятий, и они весьма варьируется по странам;
– неопределенными ситуациями, когда результат невозможно точно прогнозировать, а вероятность его наступления тем более неопределенна. Такая ситуация составляет от 10% до 35 % и особенно велика в развивающихся экономиках.

Все это ставит перед экономистами 3 основные проблемы:
– учётно-аналитическое обеспечение рисковых ситуаций в целях их прогнозирования и организации контроля;
– разработку методики финансового, управленческого и стратегического учёта, анализа и контроля рисковых ситуаций;
– организацию управления потенциальными потерями: разделение финансовых, операционных и стратегических рисков[1].

Результаты проведенных опросов среди менеджеров крупных, средних и мелких предприятий приводят почти к однозначному выводу, что этим процессом необходимо управлять (80% – 100 % опрошенных) и этот процесс необходимо проверить на базе договоров со специализированными организациями и в первую очередь аутсорсинговыми (15% – 20 % опрошенных).

Рисковую ситуацию, по нашему мнению, следует трактовать как состояние хозяйствующего субъекта в среде функционирования, обусловленное воздействием совокупности факторов риска.

Рисковые ситуации можно разделить на 3 группы:
– ситуации, характеризуемые транспорентностью и релевантностью;
– рисковые ситуации с многовариантными транспорентностью и релевантностью;
– неопределенные ситуации с частичной транспорентностью и релевантностью, определяемыми на базе использования производных инструментов (производный балансовый отчёт интегрированного риска, хеджированный, фронтальный, стратегический и другие производные отчёты).

При этом важным является идентификация рисковых ситуаций, выявление рисков, оказывающих влияние на организацию.

Идентификация рисков – итеративный процесс, поскольку по мере развития проекта в рамках его жизненного цикла могут обнаруживаться новые риски. Частота итерации и состав участни ков выполнения каждого цикла в каждом случае могут быть разны ми. В этом процессе должны принимать участие члены команды проекта с тем,

1 Вишняков Я. Д. Общая теория рисков : учеб. пособие / Я. Д. Вишняков, Н. Н. Радаев. М. : Академия, 2007. – 368 с.

чтобы у них вырабатывалось чувство «собственности» и ответственности за риски, а также за действия по реагированию на них. Участники проекта, не входящие в команду проекта, могут предоставлять дополнительную объективную информацию[1].

Процесс идентификации рисковых ситуаций является базовым элементом процесса риск-менеджмента. Использование необходимой и всей доступной информации на этом этапе имеет приоритетное значение[2].

Целью процесса является составление полного перечня рисков, которые могут оказать влияние на достижение целей организации в определенном контексте риск-менеджмента[3].

Идентификация рисковых ситуаций включает идентификацию источника риска, события и потенциальные последствия.

Идентификация ключевых рисков, разделяя позицию Низамовой Г.З.[4], предполагает реализацию процедуры, состоящей в выявлении предпосылок возникновения риска, определения факторов риска, выявлении рисковой ситуации, установления и характеристики видов риска, выбор методов выявления риска, определения сферы действия рисковой ситуации, а также возможных негативных результатов воздействия риска.

Алгоритм идентификации рисковых ситуаций в общем виде представлен на рисунке 1.

**Рисунок 1  Алгоритм идентификации рисковых ситуаций**[5]

1 Шкурко, В. Е. Управление рисками проектов: [учеб. пособие] / В. Е. Шкур- ко ; [науч. ред. А. В. Гребенкин] ; М-во образования и науки Рос. Федерации, Урал. федер. ун-т. – Екатеринбург : Изд-во Урал. ун-та, 2014. – 184 с.

2 Бернстайн П. Против богов. Укрощение риска.- М.: Олимп-Бизнес, 2000.

3 Воробьев С. Н. Управление рисками в предпринимательстве / С. Н. Воробьев, К. В. Балдин. 2-е изд. – М.: Дашков и К0, 2007. – 772 с.

4 Низамова Г.З. Вопросы идентификации рисков финансирования инвестиционных проектов (ИП)/ Низамова Г.З. // Новая наука: Стратегии и векторы развития. 2016. № 3-1 (70). С. 202-206.

5 Низамова Г.З. Вопросы идентификации рисков финансирования инвестиционных проектов (ИП)/ Низамова Г.З. // Новая наука: Стратегии и векторы развития. 2016. № 3-1 (70). С. 202-206.

Для сбора информации о рисках могут применяться различные подходы. Среди этих подходов наиболее распространены:

– Опрос экспертов;

– Мозговой штурм;

– Метод Делфи;

– Карточки Кроуфорда.

Цель опроса экспертов – идентифицировать и оценить риски путем интервью подходящих квалифицированных специалистов. Специалисты высказывают своё мнение о рисках и дают им оценку, исходя из своих знаний, опыта и имеющейся информации. Этот метод может помочь избежать повторения одной и той же ошибки[1].

К участию в мозговом штурме привлекаются квалифицированные специалисты, которые заранее готовят свои суждения по определенной категории рисков. Важно: споры и замечания не допускаются. Все риски записываются, группируются по типам и характеристикам, каждому риску дается определение. Цель — составить первичный перечень возможных рисков для последующего отбора и анализа[2].

Метод Делфи во многом похож на метод мозгового штурма. Однако есть важные отличия.

Во-первых, при применении этого метода эксперты участвуют в опросе анонимно. Поэтому результат характеризуется меньшей субъективностью, меньшей предвзятостью и меньшим влиянием отдельных экспертов.

Во-вторых, опрос экспертов проводится в несколько этапов. На каждом этапе модератор (ведущий специалист) рассылает анкеты, собирает и обрабатывает ответы.

Результаты опроса рассылаются экспертам снова для уточнения их мнений и оценок. Такой подход позволяет достичь некоего общего мнения специалистов о рисках.

Для быстрого выявления рисков можно воспользоваться ещё одной из методик социометрии известной как «Карточки Кроуфорда».

Суть этой методики в следующем. Собирается группа экспертов 7-10 человек. Каждому участнику мини-исследования раздается по десять карточек (для этого вполне подойдет обычная бумага для записок). Модератор (ведущий специалист) задает вопрос: «Какой риск данного вида деятельности является наиболее важным?» Все респонденты должны записать наиболее, по их мнению, важный риск для данного вида деятельности.

При этом никакого обмена мнениями не должно быть. В качестве источника информации при выявлении рисков могут служить различные доступные контрольные

1 Балдин К.В. Управление рисками / Балдин К.В., Воробьев С.Н. – М.: ЮНИТИ, 2005. – 511 с.

2 Ансофф, И. Синергизм и деловые способности компании // Э. Кемпбелл, К. С. Лачс, Стратегический синергизм. – 2-е изд. – СПб.: Питер, 2004. – 416с.

списки уже выявленных рисков, которые следует проанализировать на применимость к данному конкретному виду деятельности.

Результатом идентификации рисков должен стать список рисков с описанием их основных характеристик: причины, условия, последствий и ущерба. На основании информации, полученной в ходе идентификации рисков, появляется возможность разделить выявленные риска на однородные кластеры и систематизировать их. Необходимость классификации связана с тем, что основной причиной возникновения нежелательного события является неопределенность среды, как внутренней, так и внешней[1].

Гримашевич О.Н., на основе обобщения научных положений риск-менеджмента, представлена следующая классификация методов идентификации рисков[2]:

(1) Методы стратегического анализа и прогнозирования, которые включают большой арсенал различных методик: бостонскую матрицу, матрицу экрана бизнеса, отраслевой анализ, анализ стратегических групп, SWOT-анализ и др. Эти методы позволяют выявлять стратегические, реализационные и другие риски компании.

(2) Метод планирования непрерывности бизнеса. Планирование непрерывности бизнеса – это деятельность, направленная на снижение рисков прерывания бизнеса и негативных последствий таких сбоев, восстановление бизнеса до приемлемого уровня в определенной последовательности и установленные сроки, начиная с момента прерывания.

(3) Анализ бизнес-процессов – это систематическое получение данных с целью идентификации, определения, оценки и представления процесса как основы для его организации и улучшения. Это самый эффективный способ для выявления операционных рисков, основанный на том, что все процессы подвергаются подробнейшему изучению на предмет как возможностей для улучшения, так и наличия рисков.

(4) Анализ деревьев событий. Например, анализ видов и последствий отказов (FMEA) используется в качестве одной из превентивных мер для системного обнаружения причин, вероятных последствий, а также для планирования возможных противодействий по отношению к отслеживаемым отказам. FMEA представляет собой метод, позволяющий идентифицировать тяжесть последствий видов потенциальных отказов и обеспечить меры по снижению риска. К данной группе методов можно отнести метод исследования опасностей и функционирования (HAZOP), который представляет собой процедуру идентификации возможных опасностей в целом по

---

1 Баззел Р., Гейл Б. Интегрированные стратегии для бизнес-кластеров // Э. Кэмпбелл, К. С. Лачс Стратегический синергизм. – 2-е изд. – СПб.: Питер, 2004. – 416 с.

2 Гримашевич О.Н. Идентификация рисков промышленных предприятий / О.Н. Гримашевич // Наука и общество. 2015. № 2 (21). С. 4-9.

всему объекту. Анализ дерева неисправности (FTA) является ещё одним из методов этой группы, который заключается в определении и анализе условий и факторов, которые приводят или могут привести к возникновению негативных завершающих событий.

(5) Групповая экспертная оценка (метод экспертизы). Экспертное оценивание – процедура получения оценки проблемы на основе мнения специалистов (экспертов) с целью последующего принятия решения (выбора). В эту же группу входит метод анкетирования, который является вербально-коммуникативным методом, в котором в качестве средства для сбора сведений от респондента используется специально оформленный список вопросов – анкета. Во время заполнения анкет фиксируются все уточнения, комментарии и вопросы по каждому фактору. Такие записи облегчают дальнейшую работу по оценке и управлению рисками.

(6) Стресс-тестирование. Проведение специальных учений, совещаний, мозговых штурмов с целью проверки поведения организации в условно наступившем случае реализации риска. Стресс-тесты могут быть связаны с оценкой влияния изменения одного-единственного фактора риска (такой стресс-тест называют тестом на чувствительность) или с оценкой одновременного действия целой группы факторов риска (так называемый сценарный анализ). Анализ сценариев – это анализ возможных будущих событий, альтернативных возможных исходов (сценариев)[1].

Трушковская Е.Д., Ряскова Н.В. предлагают следующую систематизацию рисков для идентификации рисковой ситуации (таблица 1)[2].

**Таблица 1 Систематизация рисков для идентификации рисковой ситуации**

| Этап | Вид риска | Факторы, оказывающие влияние на проявление риска | Фиксация факта наступления рискового события | Выявление гипотетической возможности наступления рискового события | Методы идентификации рисков |
|---|---|---|---|---|---|
| Осуществпение поисковых исследований | Результат работы не достигнут | Неверно определено направление исследований. Неверная постановка задач, ошибки в расчетах и т. п | + | – | Метод мозг ового штурма, метод экспертных оценок, метод карточек Кроуфорда, SWOT, PEST-анализ |
| | Отсутствие результата в запланированные сроки | Просчеты при планировании сроков и ресурсов, необходимых для осуществления исследований | | + | Диаграмма Ганта, нормативный метод, экспертных оценок, PERT, декомпозиции работ проекта |

1 Гримашевич О.Н. Идентификация рисков промышленных предприятий / О.Н. Гримашевич // Наука и общество. 2015. № 2 (21). С. 4-9.

2 Трушковская Е.Д. Роль идентификации рисков при управлении инновационными проектами в инвестиционно-строительной сфер / Трушковская Е.Д., Ряскова Н.В. // Вестник гражданских инженеров. 2015. № 6 (53). С. 288-293.

<table>
<tr><th>Этап</th><th>Вид риска</th><th>Факторы, оказывающие влияние на проявление риска</th><th>Фиксация факта наступления рискового события</th><th>Выявление гипотетической возможности наступления рискового события</th><th>Методы идентификации рисков</th></tr>
<tr><td rowspan="7">Осуществпение научных исследований и опытно-конструкторских разработок (НИОКР)</td><td rowspan="3">Достижение отрицательного результата работы</td><td>Неверно определены направления реализации фундаментальных исследований, на которых базируются НИОКР</td><td rowspan="7">+</td><td>+</td><td>Метод мозгового штурма</td></tr>
<tr><td>Недостаточность производственной базы НИОКР для реализации результатов фундаментальных исследований</td><td>+</td><td>Статистические методы и анализ хозяйственной деятельности</td></tr>
<tr><td>Допущение ошибок в расчетах и различных недоработок</td><td>+</td><td>Метод мозгового штурма, метод экспертных оценок, статистические методы, методы математического и имитационного моделирования, методы сценариев</td></tr>
<tr><td>Отсутствие результата в запланированные сроки</td><td>Просчеты при планировании сроков и ресурсов, необходимых для осуществления НИОКР</td><td>+</td><td>Диаграмма Ганта, нормативный метод, экспертных оценок, PERT, декомпозиции работ проекта</td></tr>
<tr><td>Отсутствие возможности сертификации результата</td><td>Несоответствие требованиям стандартов условий секретности, отсутствие лицензий</td><td>+</td><td>Патентная и правовая экспертиза, а также научнотехническая экспертиза</td></tr>
<tr><td>Отсутствие возможности патентовоания результата</td><td>Появление на рынке продуктованалогов</td><td>+</td><td>Маркетинговое исследование</td></tr>
<tr><td>Раннее патентование</td><td>Утечка информации о новом продукте. Появление патентов, полученных конкурентами</td><td>+</td><td>Методы информационной безопасности</td></tr>
<tr><td>Опытное производство</td><td>Достижение отрицательного результата работы</td><td>Ошибочная оценка полученных результатов. Неверно определены направления реализации результатов исследований. Недостаточность производственной и технологичсской базы</td><td>+</td><td>+</td><td>Метод Делфи, метод номинальиой группы, методы с использованием диаграмм, статистические методы и анализ хозяйственной деятельности</td></tr>
</table>

| Этап | Вид риска | Факторы, оказывающие влияние на проявление риска | Фиксация факта наступления рискового события | Выявление гипотетической возможности наступления рискового события | Методы идентификации рисков |
|---|---|---|---|---|---|
| Опытное производство | Отсутствие результатов внедрения в плановые сроки | Недооценка возможностей прозводства. Просчеты при планировании сроков и ресурсов | + | + | Диаграмма Ганта, нормативный метод, экспертных оценок, PERT, декомпозиции работ проекта |
| | Экологические риски | Ошибки в расчетах, недоработка технологии | | + | Экологическая экспертиза |
| Распространение нового продукта на рынок | Рынок не принимает новый продукта | Несоответствие требованиям технологического уклада. Наличие на рынке продуктов-аналогов. Несоответствие требованиям потребителей. Допущение ошибок при разра ботке маркетинговой концепции нового продукта | + | + | Аналитические и маркетинговые исследования |
| | Несоответствие плана и факта объемов сбыта продукции | Короткий жизненный цикл инновации. Активное распространение продуктов-аналогов. Ошибки, допущенные при разработке концепции маркетинга | | + | Анализ финансовохозяйственной деятельности, статистическая и экспертная обработка информации о технологии производства продукта, маркетинговое исследование |

Традиционными основными инструментами идентификации рисковых ситуаций являются экспертные суждения и аналитические процедуры, включающие прогнозирование как один из научных способов предвидения будущих событий хозяйственной жизни (таблица 2).

Успех в мире бизнеса зависит от правильности выбранной стратегии хозяйствования. Риск – это оборотная сторона свободы бизнеса. Для любого бизнеса важно не избежать риска, а снизить его негативные последствия, такие как банкротство и ликвидация предприятия[1].

Обзор публикаций по вопросам управления рисками показывает, что ещё не разработан метод обобщенного показателя риска для различных ситуаций, отсутствуют

1 Бадалова А.Г. Инструментальные средства оценки и управления рисками банкротства промышленных предприятий /Бадалова А.Г., Писменная В.А. // Вестник МГТУ Станкин. 2016. № 2 (37). С. 122-127.

**Таблица 2 Сравнительная характеристика теоретических подходов к идентификации рисковых ситуаций организации**

| Подход к идентификации рисковых ситуаций | Критерий | Методика оценки | Инструментарий |
|---|---|---|---|
| Стандартный подход | Временной формат | Прогноз во времени | Динамическое моделирование.<br>Экспертные оценки |
| Подход, основанный на принципе экономической цикличности | Жизненный цикл. | Прогноз завершения цикла | Экспертные оценки.<br>Методы статистики.<br>Бенчмаркинг.<br>Методы экономико-математического моделирования.<br>Методы финансового анализа |
| Подход, основанный на концепции платежеспособности | Перспективная платежеспособность | Оценка достаточности ликвидного имущества для покрытия обязательств предприятия | Методы финансового анализа.<br>Методы оценки рисков неплатежеспособности и банкротства |
| Подход, основанный на концепции финансовой устойчивости | Финансовая устойчивость | Оценка состояния финансовых ресурсов предприятия | Методы финансового анализа.<br>Методы комплексного экономического анализа.<br>Методы оценки рисков финансовой неустойчивости. CVP-анализ |
| Риск-ориентированный подход | Риски финансово-хозяйственной деятельности | Оценка вероятности наступления нежелательного события в процессе хозяйственной деятельности | Статистический, экспертный, расчетно-аналитические методы |
| Сценарный подход | Сценарии развития | Прогнозный сценарий | Форсайт.<br>Экспертные оценки.<br>Континуальное сценирование.<br>Прогностические игры.<br>Методы теории принятия решений |

границы допустимости рисков для конкретных ситуаций, нет научно-аналитического обеспечения рисков, отсутствует учёт рисковых ситуаций.

Можно сделать вывод, что даже любые оценки уровня риска в конкретных ситуациях имеют определенную ценность и позволяют принять более правильные управленческие и стратегические решения по вопросам управления хозяйственной деятельностью предприятия в целях обеспечения её непрерывности.

Рынку всегда сопутствует риск в условиях определенности и неопределенности, и этим процессом необходимо управлять на базе рыночного механизма, который является самым подходящим (соответствующим, свойственным) для «процесса открытий» и рассматривается как эволюционный процесс формирования будущего. В задачу государства входит, путем создания соответствующих рыночных условий (например, распределение рыночных квот, придание гибкости рынкам) сделать этот процесс возможно более эффективным, а в задачу предприятия – организация финансового, управленческого и стратегического учёта в направлении обеспечения этого процесса информацией адекватного и релятивного характера. При принятии решений в предпринимательской деятельности необходимо выбирать направление действий из нескольких возможных вариантов, осуществление которых сложно предсказать[1].

В течение нескольких столетий известны основные способы, с помощью которых менеджеры справляются или пытаются справиться с риском: самострахования, предупреждения, избежание и передачи риска и интенсивности их использования (рисунок 2).

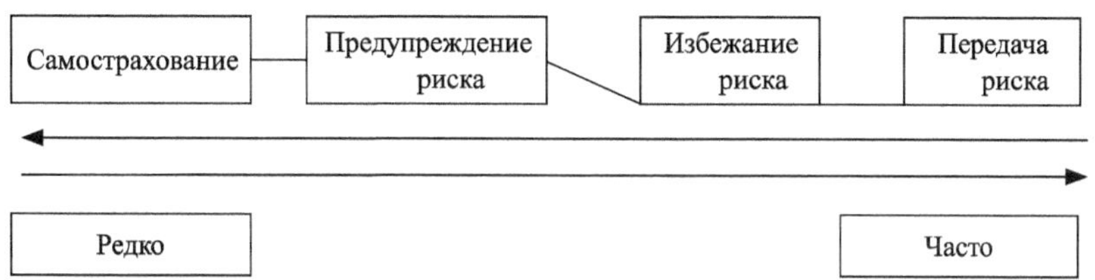


**Рисунок 2 Отношение менеджеров к рисковым ситуациям**

Планирование реагирования на риски – это процесс разработки методов и процедур, способствующих повышению благоприятных возможностей и снижению угроз для достижения целей проекта. Способы реагирования рассматриваются для каждого риска отдельно (рисунок 3).

В условиях рыночной экономики, постоянно изменяющейся внутренней и внешней среды предприятия, наличия многочисленных рисков, необходимо создание резервной системы на основе модели ориентированной на использование основных процессов резервной защиты в зависимости от масштабов предприятия, его потенциала решаемых оперативных, тактических и стратегических задач: страхование; резервирование; хеджирование; агрегирование[2]. Комплекс блоков резервной системы позволяет обеспечить управление, контроль, анализ и аудит резервной системы предприятия, используя показатели стоимости предприятия (балансовая, рыночная и справедливая стоимость чистых активов и пассивов). Справедливая стоимость широко употребляется для признания и измерения финансовых инструментов. На фондовом рынке измерение справедливой стоимости помогает пользователям финансовой отчётности получить финансовую информацию о компании и контролировать риски, и может также отражать влияние рыночной стоимости финансовых инструментов на

1 Беккер, Й. Менеджмент процессов / Й. Беккер, Л. Вилков. – М.: Эксмо, 2008. – 384с.

2 Бадалова А.Г. Процедура и инструменты мониторинга рисков в проектном риск-менеджменте / Бадалова А.Г. // Управление финансовыми рисками. 2015. № 4. С. 278-283.

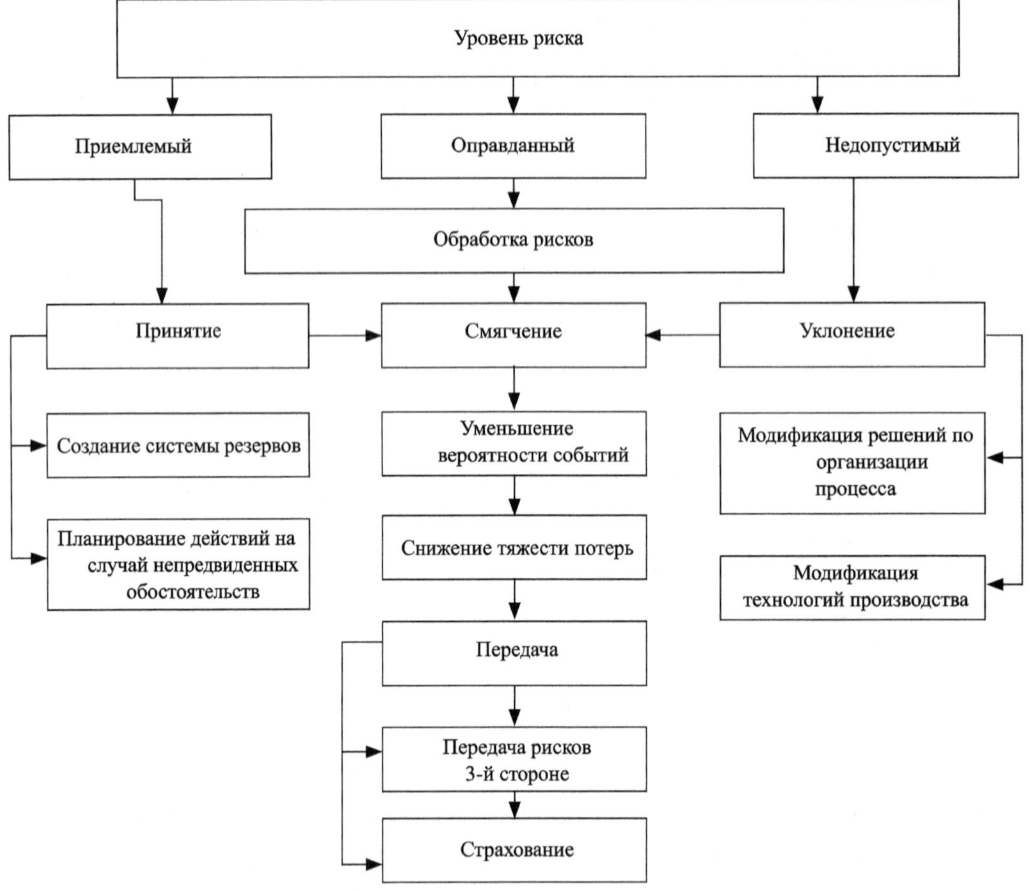


**Рисунок 3 Способы реагирования в зависимости от уровня риска**

чистые прибыли или чистые активы.

Исключительная важность резервной системы для организации привела нас к выводу о необходимости существования стандарта по учётно-аналитическому обеспечению агрегатов резервной системы для целей управления предприятием. Учётное обеспечение агрегатов резервной системы характеризуется соответствующей информацией, получаемой на базе использования страхования, резервирования, а так же учитывая все укрупненные агрегаты резервной системы предприятия, в том числе хеджирование и отдельный баланс в случае использования совместной деятельности.

В процессе создания и использования механизма базового индикатора обеспечения рисковых ситуаций в комплексе с определенными и неопределенными необходимо принимать во внимание развитие нестабильности:

– известность события (знакомые, экстраполируемые, знакомые прерывистые и новые);
– будущие изменения (повторяющиеся, прогнозируемые, предсказуемые, непредсказуемые);

– шкалу нестабильности (определенная градация нестабильности);
– степень влияния на предприятие: на его стоимость, финансовые результаты, рыночные ниши, перспективы роста и т.д.

Базовые индикаторы обеспечения управления рисками направлены на разделение бизнес-риска, т.е. на риск, зависящий от деятельности компании, и других видов риска, не зависящих от такой деятельности, но их надо прогнозировать, тем более что на 80 % успешность работы предприятия обеспечивается внешними условиями, а на 20 % – внутренними. Хотя это деление и условно.

Бизнес-риск определяется риском продукции, работ и услуг, макроэкономическим риском, в основном связанным с изменением рыночной ниши предприятия. При этом выделяются основные позиции постоянной и дискретной неопределенностей и отсутствия неопределенности (рисунок 4).

| | | Неопределенность | | |
|---|---|---|---|---|
| | | Нет | Дискретная | Постоянная |
| Альтернативы | **Оценки проектов** | Метод дисконтированного потока, анализ чувствительности критериев эффективности | Метод сценариев, деверо решений, реальные опционы | Метод Монте-Карло, реальные опционы |
| | **Проблемы портфеля проектов** | Оптимизация | Стохастическое программирование | Трудноразрешимые задачи |
| | **Оценка предприятия** | Дисконтированный или дифференцированный производный балансовый отчёт | Хеджированный или иммунизированный произвольный балансовый отчёт | Виртуальный или фронтальный произвольный балансовый отчёт |
| | **События, ситуации** | Ситуационный учёт | Ситуационные произвольные балансовые отчёты | Стратегический произвольный балансовый отчёт |

**Рисунок 4 Функционирование риска**

Бизнес-риск определяется риском продукции, работ и услуг, макроэкономическим риском, в основном связанным с изменением рыночной ниши предприятия по сравнению с конкурентами и технологическим риском, определяемым интенсивностью внедрения инноваций.

При этом бизнес-риск является объектом в основном управленческого учёта, финансовый – финансового учёта, а риск неблагоприятных событий и часть финансовых – объектом стратегического учёта, хотя четкие границы между учётно-аналитическим обеспечением этих видов учёта трудно установить. В целом риск функционирования предприятия должен в какой-то степени учитывать неопределенность, которая выражается оценками: проектов, событий, ситуаций, оценка портфеля проектов, пула, предприятия и т.д.[1]

В процессе создания информационного базового индикатора обеспечения рисковых ситуаций целесообразно использовать матрицу реагирования на риск, которая позволяет коррелировать стоимость управления риском (низкая, умеренная, высокая в зависимости от возможных затрат, потерь и достигаемых результатов от рыночной стоимости чистых активов) с соответствующей градацией уровня риска (низкий, низко-умеренный, низко-высокий, умеренный, умерено высокий, высокий) (рисунок 5).

| Стоимость управ-ления риском | Риск | | | | | |
|---|---|---|---|---|---|---|
| | Низкий | Низко-умеренный | Низко-высокий | Умеренный | Умеренно-высокий | Высокий |
| Низкая | | | | | /////////////// | /////////////// |
| Умеренная | | | //////////// | ////////////// | XXXXXX | XXXXXX |
| Высокая | ////////// | ///////////// | XXXXX | XXXXX | XXXXXX | XXXXXX |

| | |
|---|---|
| /////////////// | Анализ необходимо продолжать |
| XXXXXX | Стоимость управления риском слишком велика, необходимо найти другие варианты управления |

*Источник: Составлено автором*

**Рисунок 5　Матрица реагирования на риск**

Управление рисками является частью бизнес-деятельности. Цель управления рисками является выполнением общей цели предприятия. Общая цель предприятия представляет собой максимизацию стоимости предприятия.

Цель до возникновения потери включает в себя, экономическая рациональная цель, рациональная и законная цель, цель снижения потенциальной потери, задачи безопасности и цели социальной ответственности.

Цель продолжения выживания предприятия, цель поддержания нормального бизнеса предприятия, цель получения стабильного дохода, цель поддержания развития экономики предприятия и цель социальной ответственности.

Формируя базовые индикаторы управления рисками, необходимо иметь информацию по уровню риска на отдельные ценные бумаги, риски деятельности

1　Бадалова А.Г. Организационно-методические аспекты создания и внедрения системы управления рисками на промышленном предприятии / Бадалова А.Г., Гриник О.Д. // Научное обозрение. 2015. № 5. С. 332-335.

отдельных предприятий, отраслевые риски[1].

Следовательно, базовые индикаторы обеспечения управления рисковыми ситуациями в рамках финансовой деятельности должно обеспечивать предприятие информацией о линии риска ценных бумаг, котирующихся на фондовых биржах, в которой содержатся сведения об обязательной ставке дохода и об уровне риска (свободная от риска ставка, премия за риск надежной ценной бумаги, премия за рыночный риск, премия за риск для акции или другой ценной бумаги с относительно высоким уровнем риска.

Необходимо учитывать, что риск как таковой имеет определенную степень вероятности, это историческая и экономическая категория, она представляет собой осознанную человеком возможную опасность, свидетельствует о том, что риск исторически связан со всем ходом общественного развития. Это событие, которое может произойти в условиях неопределенности, размеры получения прибыли и возможные потери, которые должны быть получены по данным учётно-аналитического обеспечения.

## 1.2 Управление латентными рисками организации

Процесс реализации процедур комплексной системы риск-менеджмента предполагает систематический и комплексный анализ ключевых (значимых) рисков, характерных для конкретной сферы деятельности организации. Полный перечень рисков хозяйствующего субъекта можно выявить только в процессе их детального исследования. В научных источниках встречается несколько классификаций рисков, которые могут послужить важным инструментом идентификации ключевых рисков.

Исследование вопросов управления рисковых ситуаций основано на создании методики аналитического обеспечения управления рисками. Аналитическое обеспечение управления рисками направлено на разделение бизнес-риска, т.е. на риск, зависящий от деятельности компании, и других видов риска, не зависящих от такой деятельности, но их надо прогнозировать. Исходя из этих положений, необходимо использовать методику учётно-аналитического обеспечения управления рисками. Модель построена на использовании укрупненных групп риска, идентифицируемых, отражаемых, анализируемых и контролируемых учётно-аналитическими показателями соответствующих видов учёта и анализа:

I группа: финансовые риски;

II группа: операционные риски;

---

1 Гаврилов, В. В. Экономический анализ в разработке финансовой стратегии (учетно-аналитические показатели и модели) / В. В. Гаврилов // Экономический анализ: теория и практика. – 2009. – № 8. – С. 4-9.

III группа: стратегические риски.

Другие риски весьма многообразны и связаны с неблагоприятными событиями (юридический риск, риск ущерба деловой репутации, риск стихийного бедствия, регулярно-политический риск) и финансовым риском (рыночный, кредитный, ликвидности, финансового состояния, операционный и др.) (рисунок 6).

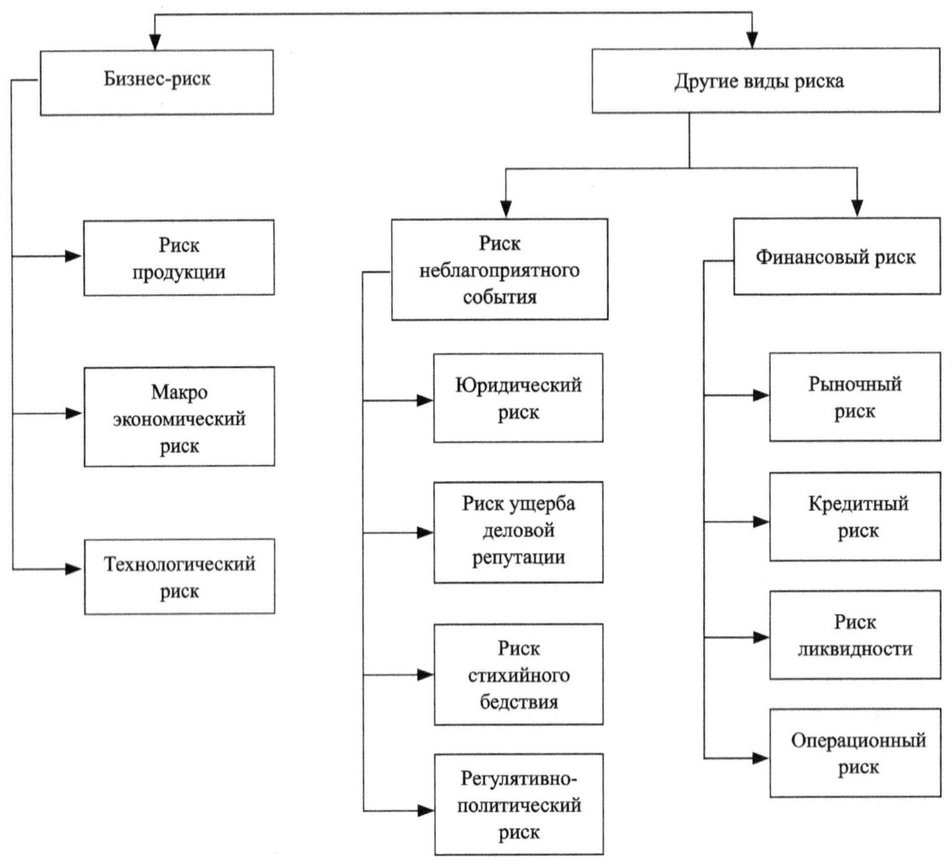


*Источник: Составлено автором*

**Рисунок 6 Риски, действующие в масштабе всей компании**

Задача идентификации рисков, т.е. отнесения заданного набора признаков к тому или иному виду риска, является по существу задачей классификации.

Организация подвержена не только известным рискам из закрытого списка-реестра, но и неизвестным, не входящим в реестр, но не становящихся от этого менее опасными для достижения целей организации[1].

1 Становский А.Л. Проактивное управление латентными рисками / Становский А.Л., Березовская Е.И., Добровольская В.В. // В сборнике: ИНФОРМАЦИОННЫЕ ТЕХНОЛОГИИ И ИНФОРМАЦИОННАЯ БЕЗОПАСНОСТЬ В НАУКЕ, ТЕХНИКЕ И ОБРАЗОВАНИИ «ИНФОТЕХ - 2015» Материалы международной научно-практической конференции. М-во образования и науки Российской Федерации, Севастоп. гос. ун-т; науч. ред. А.В.Скатков. 2015. С. 52.

Если множество явных видов рисков конечно и полностью описано (т.е. система идентификации обучена), задача классификации рисков является тривиальной. Существенной особенностью классификации «неизвестных» рисков является то, что не все виды рисков к началу идентификации известны, т.е. у лица, занимающегося идентификацией, нет уверенности в том, что причиной проблем не является какой-нибудь новый, не описанный ранее риск. Неизвестные риски могут, в свою очередь, могут быть разделены на внезапные и латентные. Первые вообще невозможно идентифицировать, а следовательно, и как-то ими предварительно управлять. Вторые могут быть идентифицированы по косвенным признакам, неявно накапливающихся в объекте процессного управления. Примером латентных рисков могут служить оползневые явления в зоне прибрежного строительства: они накапливаются годами, и признаки этого накопления (если организовать за ними специальный мониторинг) могут быть количественно оценены и использованы при идентификации[1].

В экономическом словаре латентность (от лат. latentis – скрытый, невидимый) - это свойство объектов или процессов находиться в скрытом состоянии, не проявляя себя явным образом[2].

В социо-гуманитарных науках подавляющее большинство явлений не поддается прямому измерению (умственные способности, личностные качества, толерантность, компетентность, мобильность, политические убеждения, риск и т.д.), что подчеркивает актуальность и необходимость исследования понятия «латентное». Исследователи называют эти неявные сущности по-разному: скрытые причины, латентные переменные, факторы, теоретические или гипотетические конструкты и т.д.

История возникновения латентных причин связана с возникновением религии как веры людей в непознаваемые, сверхъестественные силы. Латентное обнаруживает себя и в философии как платоновская «идея» или кантовская «вещь в себе». С познавательной точки зрения, явное и неявное находится в диалектической взаимосвязи: явное знание – знание об элементах объекта, а знание об объекте как о целом – неявное, и наоборот.

Латентная причина (с лат. latentis – скрытый, невидимый) есть определенный уровень абстракции, выделяемый исследователем и позволяющий описывать отношения между наблюдаемыми переменными. Феноменологический характер латентного анализа не позволяет четко определить скрытую переменную. Переход от явного к латентному часто ставит перед исследователем вопросы, выходящие за рамки научного метода в область воли и представления.

---

1 Становский А. Л., Щедров И. Н., Гурьев И. Н., Идентификация латентных рисков при управлении проектом создания Международного студенческого центра рекреации и туризма Управління проектами: стан та перспективи X Міжнародна науково-практична конференція web-site: conference.nuos.edu.ua

2 http://dic.academic.ru/dic.nsf/ruwiki/343524.

Так, В. С. Аванесов[1] подчеркивает необходимость научного, рационального (а не метафизического!) подхода к исследованию латентных переменных. Причем автор настаивает на разведении понятий «латентное качество» и «латентная переменная»: «…латентное качество – это концепция, а не переменная величина. Качества присущи людям, конструкты существуют в сознании исследователей…». Например, Г. С. Батыгин[2] выделяет три эпистемологические проблемы, возникающие при анализе оснований измерения латентной переменной:

В литературе можно встретить разные определения понятия «латентная переменная». Итак, латентная переменная часто трактуется как «гипотетическая», «предполагаемая» переменная. Например, Харман Г. в своей работе «Современный функциональный анализ» называет латентную переменную «предполагаемым конструктом» («hypothetical construct»). Нанали Дж. в работе «Психометрическая теория» определяет «конструкт» как нечто, что ученые формируют в своем воображении[3]. С этой точки зрения, латентная переменная – абстракция, существующая в воображении исследователя, переменная, реально не существующая, но конструируемая из других, наблюдаемых признаков.

Существует несколько иная трактовка понятия «латентная переменная». «Латентная переменная … не может быть измерена напрямую»[4]. С этой точки зрения, латентная переменная – признак, наличие которого предполагается исследователем, и который не может быть измерен.

Г. Харман расширяет понятие «латентный признак», говоря о том, что «основная задача факторного анализа состоит в экономном описании экспериментальных данных»[5]. Фактор, латентная переменная – результирующая нескольких наблюдаемых переменных.

К. Боллин предлагает ещё одно определение латентной переменной, являющееся наиболее простым и, в какой-то мере, интуитивным. Он говорит о том, что латентная переменная – переменная, по значениям которой невозможно осуществить выборку респондентов. С этой точки зрения, любая переменная может считаться латентной до тех пор, пока её выборочные значения не будут доступны наблюдению[6]. Предложенное определение занимательно, но в рамках настоящего исследования нас интересуют другие аспекты понятия латентной переменной.

1 Аванесов В.С. Педагогическое измерение латентных качеств / Педагогическая диагностика. – №4. – 2003.

2 Батыгин Г.С. Лекции по методологии социологических исследований: Учебник для студентов. гуманитарных вузов и аспирантов. – М: Аспект Пресс, 1994.

3 Nunnally JC. Psychometric Theory., ch. 3, NewYork: McGraw-Hill 1978.

4 Joreskog KG, Sorbom D. Advancesin Factor Analysis and Structural Equation Models, p.105 Cambridge, MA: Abt Books 1979.

5 Харман Г., «Современный факторный анализ», «Статистика», Москва, 1972, с. 15.

6 Bollen K., «Latent variables in psychology and the social sciences».

Основываясь на определениях, приведенных выше, можно заключить, что латентная переменная – гипотетический конструкт, не поддающийся прямому измерению.

Для лучшего понимания того, что такое латентная переменная необходимо обратиться к более формальному определению данного концепта.

Итак, чаще всего латентная переменная определяется в рамках аксиомы локальной независимости. Аксиома локальной независимости была сформулирована социологом П. Лазарсфельдом[1]. Основная идея данной аксиомы заключается в следующем: если существует одна или несколько латентных переменных, которые группируют наблюдаемые признаки, то при фиксации латентных переменных признаки становятся независимыми. Таким образом, латентная переменная обуславливает наличие связей между переменными.

Очевидно, понятие латентной переменной не имеет четкой интерпретации, разные исследователи определяют её по-разному. Тем не менее, можно подвести некоторые итоги. Итак, латентная переменная – гипотетический конструкт, обуславливающий наличие связей между переменными, который не может быть измерен напрямую.

Переход от явного к латентному возможен на основе диагностических процедур. Латентные переменные, могут быть оценены с помощью нескольких наблюдаемых переменных или системы индикаторов. Например, в теории педагогических измерений латентные переменные можно непосредственно оценить в «логитах» – принятой единице измерения уровня подготовленности участников тестирования. Латентная переменная проявляет себя как некий скрытый спирмановский фактор, конструкт, выявляемый исследователем на основе совместной изменчивости признаков, их корреляции. Например, в психологи результатом оценки умственных способностей (фактора G) является коэффициент интеллекта IQ.

K. A. Bollen[2] различает неформальные и формальные определения латентных переменных. К неформальным определениям автор относит гипотетические переменные, которые возникают в сознании исследователя. Они ненаблюдаемые и не могут быть измерены. Поиск таких переменных, как правило, осуществляется с помощью разведочных математических методов (эксплораторный факторный анализ, кластерный анализ, многомерное шкалирование и д.р.) для сокращения числа наблюдаемых переменных, их классификации. Такие методы исследования могут являться самостоятельными источниками возникновения гипотез (К. Иберла). В формальном определении скрытая переменная (фактор) образует корреляционную связь между наблюдаемыми переменными. Фактор не проявляет себя, пока

1 Лазарсфельд П. Математические методы в социальных науках / П. Лазарсфельд, В. Гибсон, Джекоб. Маршак. – М.: Прогресс, 1973. – 247 с.

2 Bollen K.A. Latent variables in psychology and the social sciences. Annual. Rev. Psychol. 2002. 53: 605-34.

наблюдаемые величины независимы. Это подчеркивает вероятностный характер проявлений латентной переменной. Как пишет Г. С. Батыгин «латентные признаки обладают неисчислимым количеством проявлений, каждое из которых характеризуется разной релевантностью – степенью смысловой близости к латентному признаку. Поэтому исследователь вынужден выбирать из явных переменных наиболее релевантные»[1].

Несмотря на отсутствие у понятия латентной переменной научно-теоретической основы, попытаемся ориентировочно классифицировать латентные переменные по различным основаниям:

Различие между латентными переменными зависит от типа эмпирического познания явлений: априорного (предшествующего) и апостериорного (последующего). Так, например, методы факторного анализа делятся на эксплораторный (разведочный) и конфирматорный (подтверждающий). При разведочном факторном анализе, исследователь не знает, сколько факторов необходимо извлечь из исходных данных. Для поиска числа факторов используется либо формальные критерии (критерий Кайзера и др.), либо неформальные, основанные на принципе ясной интерпретации (бритва Оккама). При конфирматорном факторном анализе, исследователь подтверждает выстроенную гипотезу о латентной переменной или структуре.

Необходимо различать латентные переменные, являющиеся детерминирующими (причинами) или детерминируемыми (следствиями). Например, в структурном моделировании (SEM) «в причинно-следственных парах в качестве зависимых и независимых переменных выступают как латентные, так и наблюдаемые переменные в любом сочетании. То есть и латентные и наблюдаемые переменные могут детерминироваться и латентными и наблюдаемыми переменными. Возможно также, что зависимая переменная, в свою очередь, также может детерминировать какую-либо третью переменную»[2].

Латентные переменные модели могут классифицироваться в зависимости от типа переменных: метрических или неметрических. В классическом факторном анализе Ч. Спирмана латентные и наблюдаемые переменные имеют метрический тип (шкала отношений и интервальная шкала). В теории педагогических измерений (Item Response Theory) наблюдаемые переменные имеют неметрический тип (шкала порядка и номинальная шкала), например в модели Раша. В кластерном анализе латентные и наблюдаемые переменные имеют неметрический тип.

Латентные переменные могут различаться по степени «объяснять» данные. На

---

1 Батыгин Г.С. Лекции по методологии социологических исследований: Учебник для студентов гуманитарных вузов и аспирантов. – М.: Аспект Пресс, 1994.

2 Митина О.В. Моделирование латентных изменений с помощью структурных уравнений // Экспериментальная психология. 2008. №1. – С. 131-148.

это свойство влияет множество факторов, таких как размер анализируемой выборки, наличие пропущенных данных, число индикаторов и их корреляция т.д.

Латентный анализ, в широком смысле слова, как метод выявления скрытых переменных и структур исследуемых объектов объединяет в себе множество методов многомерного статистического анализа. Причем в различных статистических моделях, мы имеем дело с различными типами латентных переменных. Невозможность точного измерения объектов в гуманитарных науках, возникновение ошибок, наличие непредсказуемых дополнительных внешних воздействий, нелинейность явлений, субъективизм исследователей и многие другие факторы «размывают» границы между четким определением, что есть латентное, а что наблюдаемое. Научное познание заключается в преобразовании неявного в явное, а, следовательно, в расширении области неизвестного, скрытого, латентного. Отсюда вытекает вопрос о достаточности дихотомии «наблюдаемое-латентное» и о необходимости «множить сущее».

Решение задачи идентификации латентных рисков по выявленным признакам отличается от обычной классификации открытым множеством возможных классов. В этом случае, когда нет полного списка возможных рисков, может быть применен процесс обучения без управления, когда система идентификации сама создает классы признаков, которые пользователь может считать отдельными видами рисков. Наиболее близким по своим возможностям в этом случае является интеллектуальный метод, который называется «кластеризация с помощью самоорганизующихся нейронных сетей» типа сетей Кохонена. Для работы с нейронной сетью Кохонена в качестве допущения принимали следующее условие: группе близких в некотором смысле входных векторов сети, объединенных в кластер, соответствует только один вид латентного риска. Иными словами, близким входным векторам соответствует один вид латентных рисков. В общем случае, это не обязательно. Поэтому такому подходу к идентификации следует относиться с вероятностной точки зрения. Но и при любом другом способе идентификации ошибка из-за того, что одинаковым признакам могут соответствовать совершенно различные риски, не исключена.

Существенной особенностью классификации латентных «неизвестных» рисков является то, что не все виды рисков к началу идентификации известны, т.е. у лица, занимающегося идентификацией, нет уверенности в том, что причиной проблем в управлении проектом не является какой-нибудь новый, не описанный ранее риск, класс которого ещё необходимо создать.

Описанный подход «идентификации явных (известных) рисков» рассматривается как классический «реактивный» способ управления рисками: накапливаем опыт реагирования – ожидаем проявления риска – эффективно реагируем. «Проактивная» парадигма, выдвинутая классиками теории современного менеджмента, подразумевает выявление не содержания латентных рисков, а их «источников». Содержание, виды латентных рисков не являются предопределенными, так как могут возникать новые виды рисков, предусмотреть которые невозможно». С другой стороны, вполне ограниченными и определенными являются источники латентных рисков – субъекты и объекты взаимодействия организации в процессе операционной деятельности. Поэтому проактивный подход управления латентными рисками подразумевает, в первую очередь, идентификацию источников латентного риска. во вторую, построение механизмов мониторинга «источников» и их «профилактики». В отличие от реактивных подходов, механизм проактивного управления сосредотачивается на источниках латентных рисков и их «ранней диагностике и профилактике». Необходимо активное влияние на источники до факта реализации латентного риска, основанное на мониторинге индикативных показателей субъекта или объекта. Целью построения системы риск-менеджмента на базе проактивной парадигмы является упреждающее процессное управление, когда латентные риски идентифицируются по мере их выявления. Такой подход отличается от традиционного, подразумевающего ожидание, пока проблема перерастет в критическую угрозу, а затем реализует немедленный ответ, который может снизить воздействие на проект, но, скорее всего, не позволит избежать потерь так же эффективно, как в системе раннего реагирования на риск[1].

Понятие «фактор риска» часто используется для обозначения лишь причин возникновения определенного вида риска. Вместе с тем, не каждый фактор может привести к проявлению того или иного латентного риска (рисунок 7).

Основные причины возникновения внешних латентных рисков представлены в таблице 3.

В таблице 1 нами выявлены не только основные причины возникновения внешних латентных рисков, но и объекты риска, которые нами представлены в виде 6 укрупненных групп:

- Ситуации во фракталах времени и пространства;
- Стратегические инициативы;
- Собственность;
- Затраты и себестоимость;
- Инновации;
- Венчурный капитал.

Основные причины возникновения внутренних латентных рисков представлены в таблице 4.

При этом объекты риска нами были идентифицированы по таким укрупненным группам, как: резервная система предприятия, операционная составляющая, рыночная

1 Друзенко А.В. Проактивная парадигма управления рисками инвестиционно-строительного проекта фундаментальные исследования № 5, 2016 – С. 569-573.

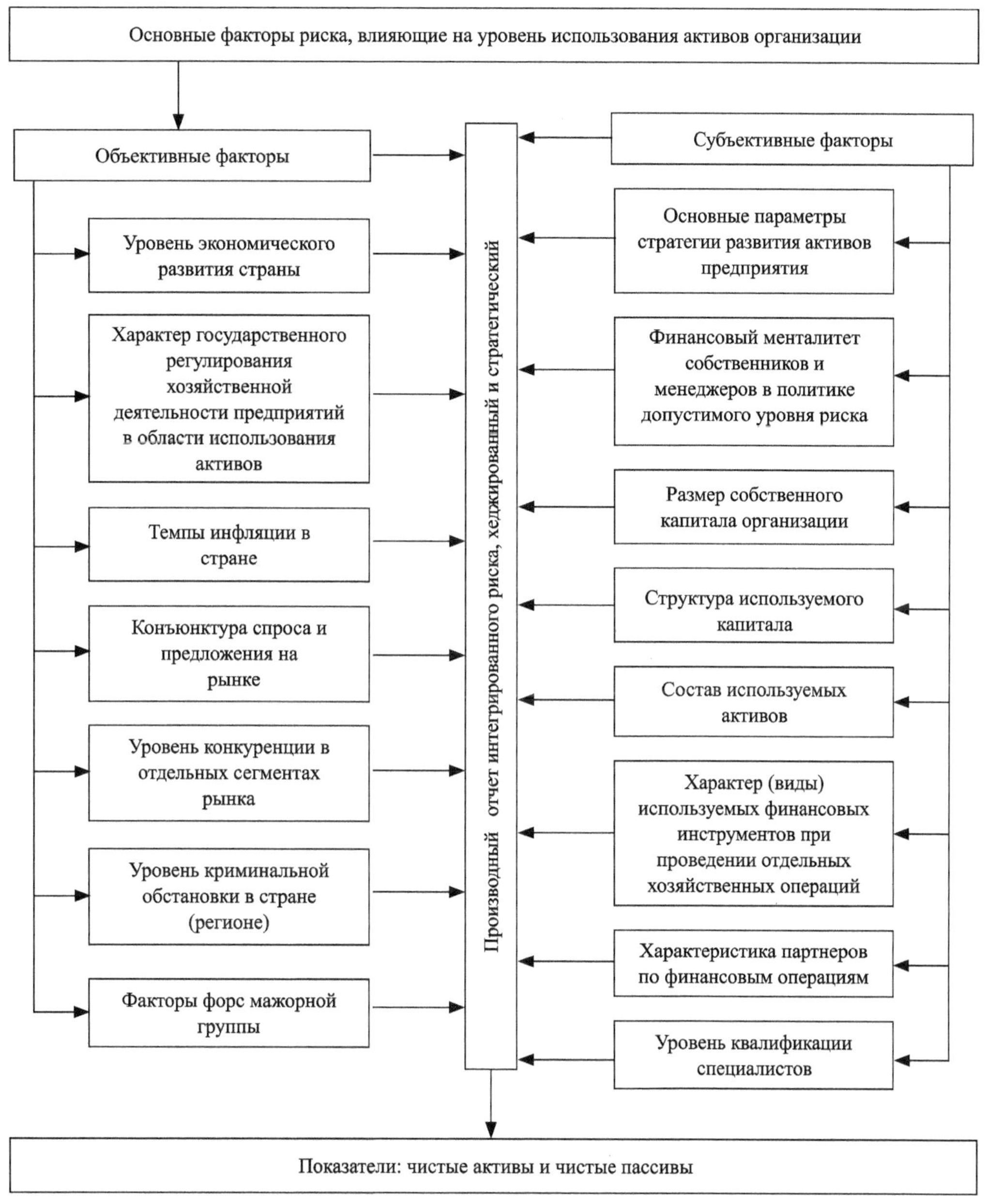


*Источник: составлено автором*

**Рисунок 7 Основные факторы латентного риска, влияющие на уровень использования активов организаций Китая.**

составляющая, кредитная составляющая.

При организации стратегического управления латентными рисками необходимо принимать уровни финансово-хозяйственной деятельности и их элементы как сферу функционирования учётного механизма: управленческий учёт (внутренняя и рабочая среда); стратегический учёт (общая среда, т.е. макросреда) (рисунок 8).

**Таблица 3 Основные причины возникновения внешних латентных рисков**

| Основные причины возникновения внешних латентных рисков | Объекты риска |
|---|---|
| **Политические** | |
| Нестабильность государственной власти, особенностиго сударственного законодательства, национализация и т.п | Ситуации во фракталах времени и пространства, Собственность |
| Противоречия между федеральными и региональными органами | Стратегические инициативы, Собственность |
| Курс международной политики, стратегические политические альянсы и объединения | Ситуации во фракталах времени и пространства, Стратегические инициативы, Венчурный капитал |
| Борьба за лидерство, изменение правового статуса государств | Стратегические инициативы |
| Политика внедрения новшеств, их продвижения, расширения | Инновации, Венчурный капитал |
| Политика развивающихся стран, завоевание рынка | Затраты и себестоимость, Стратегические инициативы |
| Изменения таможенного законодательства, лицензирования, патентного законодательства, правил международной торговли | Ситуации во фракталах времени и пространства, Стратегические инициативы, Инновации |
| **Экономические** | |
| изменение валютных курсов, валютного регулирования, изменение правил валютного обращения; монетарная политика | Стратегические инициативы, Венчурный капитал |
| состояние денежной эмиссии в стране, а значит и поддержание оптимального уровня денежной массы, и обеспечение нормального рода платежей, выплат заработной платы, пенсионных пособий и т. д | Стратегические инициативы, Собственность |
| Уровень инфляции, денежные потоки и доходы | Ситуации во фракталах времени и пространства, Стратегические инициативы |
| Санкционные ограничения, изменения в структуре производства и реализации продукции, товаров, услуг | Ситуации во фракталах времени и пространства, Инновации, Венчурный капитал, Собственность |
| Изменения в налоговой и фискальной политике, налоговых и процентных ставках, кредитной политике | Стратегические инициативы, Венчурный капитал |
| Состояние предпринимательской среды, криминализация хозяйственной жизни (коррумпированность чиновников, экономическая преступность | Ситуации во фракталах времени и пространства |
| наличие местных сырьевых и энергетических ресурсов, колебании цен на сырье, материалы, комплектующие, энергоносители | Затраты и себестоимость |

| Основные причины возникновения внешних латентных рисков | Объекты риска |
|---|---|
| Логистика, развитие транспортных и других коммуникаций, развитие ритейла | Инновации,<br>Венчурный капитал,<br>Затраты и себестоимость |
| Конъюнктура рынка, его насыщение, нишевая составляющая, состояние конкуренции, сила конкурентов на рынке, в отрасли, конъюнктура спроса и предложения | Затраты и себестоимость,<br>Стратегические инициативы,<br>Собственность |
| Колебания деловой активности субъектов хозяйствования, прежде всего, реального сектора экономики | Затраты и себестоимость |
| Многовариантность отношений, в которые вступают субъекты предпринимательской деятельности | Ситуации во фракталах времени и пространства |
| **Социальные** | |
| Состав и структура населения, миграционные процессы | Ситуации во фракталах времени и пространства |
| Уровень безработицы, политика занятости, молодежная политика, пенсионная реформа | Стратегические инициативы, Собственность |
| Уровень социальной и политической напряженности в международном пространстве, стране, регионе | Ситуации во фракталах времени и пространства |
| Уровень жизни населения, его платежеспособность, степень расслоения | Ситуации во фракталах времени и пространства,<br>Собственность |
| Дисбаланс рынка труда, наличие свободных трудовых ресурсов, уровень их профессиональной подготовленности, профессиональная переориентация и повышение квалификации, дополнительной обучение | Стратегические инициативы,<br>Затраты и себестоимость,<br>Инновации |
| Спонтанность природных и социальных процессов и явлений, стихийные бедствия | Ситуации во фракталах времени и пространства |
| **Технологические** | |
| Вероятностный характер научно-технического прогресса | Ситуации во фракталах времени и пространства |
| Изменение технологических процессов, их адаптация к современных условиям хозяйствования, переориентация производства | Стратегические инициативы,<br>Инновации,<br>Венчурный капитал,<br>Собственность |
| Технологическое преимущество и отставание государств, роль организаций й в технологическом процессе, способность внедрения передового опыта, скорость и эффективность внедрения технологий, инноваций | Инновации,<br>Затраты и себестоимость,<br>Венчурный капитал |
| разработка технологических сртапов, инвестирование в технологии и сртапы, развитие хайтек-компаний | Затраты и себестоимость,<br>Инновации,<br>Венчурный капитал,<br>Собственность |
| Технологические «утечки», технологический шпионаж, миграция высококвалифицированных кадров | Ситуации во фракталах времени и пространства,<br>Стратегические инициативы |

*Источник: составлено автором*

**Таблица 4 Основные причины возникновения внутренних латентных рисков организации**

| Основные причины возникновения внутренних латентных рисков | Объекты риска |
| --- | --- |
| уровень стратегического управления, ошибки планирования, прогнозирования, низкая квалификация менеджеров | резервная система предприятия, рыночная составляющая |
| нехватка производственных запасов, срывы поставок, отсутствие запаса прочности по ресурсам | резервная система предприятия, операционная составляющая |
| риски реального инвестирования, ошибки в выборе объектов инвестирования, неправильный подбор финансовых инструментов | резервная система предприятия, кредитная составляющая |
| изменение условий контракта, перебои в поставках материалов, сырья, комплектующих | резервная система предприятия, рыночная составляющая |
| невозврат долга и процентов по нему, невыполнение условий кредитного договора, невольное банкротство заемщика, изменение платежеспособности заемщика | резервная система предприятия, кредитная составляющая |
| ошибки выбора и внедрения инноваций, технологических новшеств | резервная система предприятия, рыночная составляющая |
| нарушение патентных прав, невыполнение контрактов, судебные процессы с внешними партнерами, внутренние судебные процессы | резервная система предприятия, кредитная составляющая |
| низкий уровень организации труда сотрудников, недостаточная квалификация рабочей силы и т.д. | резервная система предприятия, операционная составляющая |

*Источник: составлено автором*

*Источник: составлено автором*

**Рисунок 8 Уровни финансово-хозяйственной среды деятельности организации и их элементы**

Предлагаемые факторы риска ориентированы на использование основополагающего принципа постоянно действующего предприятия, в частности предлагается использовать на China Railway Construction Corporation Limited. Отчётность представлена в приложениях.

Долгие годы объектом управленческого учёта определялись затраты, затраты-доходы, методы управления финансовыми результатами. В современных условиях понятие управленческого учёта резко расширилось.

## 1.3 Понятие ситуационного управления рисками хозяйственной и экономической деятельности организаций

В мировой экономической системе управления рисками хозяйственной и экономической деятельности организаций рассматриваются с разных точек зрения.

Управление рисками появилось в 1960 и 1970, чтобы управлять «страхуемый риск». Роберт Мехр и Боб Хедхис 1960-е годы установили базовую основу управления страхуемыми рисками. Потом, наблюдался ряд инноваций, таких как план, с ограниченной опасностью, управление собственным балансом страховой компании. 1990-е годы появился увязанный полис обеспечения. Эта политика включает в себя не только традиционные страхуемые риски(риски имущества и ответственности), но и финансовые риски(например, риск изменения процентных ставок и валютный риск),тем самым нарушая барьеры между страховым рынком и рынком капитала.

1980-е и 1990-е годы был период бурного развития финансовых инноваций, его теоретическая основа возникновения и развития в основном является теорией управления портфелем Марковица, моделей ценообразования активов Шарпа и Росса и теорией оценки опционов Блейка и Шульца. Развитие производных продуктов и финансового инжиниринга является не только обогащением инструментов хеджирования для управления рисками, но и представлением удобства для других стратегий управления рисками. Компания доступны не только для некоторых продуктов производных для хеджирования риска, производные также могут быть встроены в заемных и собственных средств компании. Облигация катастрофы и нетрадиционные инструменты передачи риска появились недавно непосредственно для целей управления рисками.

В 1980-е и 1990-е годы, люди начали сосредоточиваться на влиянии риска в стоимости компании. В 1976 году Дэвид Каммингс объяснял на основе дальнейшего анализа модели ценообразования активов капитала. Майерси Смит (1983) на основе затрат трения к компании из-за риска, предложил новую теорию управления рисками компании, а именно риск затрат трения или затрат по сделке может сделать управление рисками стало процессом добавлением стоимости компании. Про объяснение затрат рисков, Доэрти Нил (1985) предложил двойную стратегию, то есть компания может уменьшить транзакционные издержки рисков путём корректирования финансовой и организационной структуры, изменения функции рычагов.

COSO называется «запуск-агентство Комитет», который является частной добровольной организацией, которая стремится к деловой этики, эффективным внутреннему контролю и корпоративному управлению для улучшения качества финансовой отчётности. Ещё в 1958 году, AICPA разделила внутренний контроль на две категории: внутреннего контроля бухгалтерского учёта и внутреннего контроля управления.

COSO в 1992-ом году предложила комплексную рамку внутреннего контроля, и в 1994-ом году дополнила новые мышления, и отметила что внутренний контроль необходим в для достижения эффективности и результативности бизнеса, достоверности учёта и финансовой отчётности и соблюдения правил[1].

В октября 2004 года, COSO разработал стандарт «Комплексное управление рисками», который получил признание со стороны международного бизнеса, финансов и государственных регуляторов.

По мнению COSO, управление рисками является процессом. Оно реализуется советом директоров, органами управления. COSO определила систему управления рисками и расширила её внутренним контролем.

Корпоративное управление рисками имеет три измерения:

- цель;
- элементы управления рисками;
- уровень управления.

Цель управления рисками:

- стратегия;
- отчётность;
- соблюдение правил.

Различные уровни управления организации должны соблюдать и учитывать восемь элементов по управлению рисками для выполнения четырёх целей[2].

С 2001-го года COSO начала исследовать управление рисками организаций, и установили, что система управления рисками обязательно соответствует с системой внутреннего контроля, и необходимо обязательно комбинировать цель внутреннего

---

1 Бартон Т. Л., Шенкир У., Уокер П. Комплексный подход к риск-менеджменту: практика ведущих компаний. – М.: Издательский дом «Вильямс», 2008.

2 Кармин Т., Маклин Р. Анализ финансовых отчетов (на основе GAAP): учебник; пер. с англ. – 2-е изд.; доп. и перераб. – М.: ИНФРА-М, 1998. – 448 с.

контроля с процессом комплексного управления рисками организации. Стандарт по управлению рисками, создан Американским Комитетом COSO, и предоставляет собой интегрированную систему управления рисками организаций.

В настоящее время, в области международного управления рисками много стандартов внутреннего контроля предприятия и управления рисками.

В 1996 году создана GARP (Глобальная ассоциация профессионалов риска). Это профессиональная организация, создана для глобального управления рисками, связанных с профессиональной инициативой[1].

Для современного предприятия, управление рисками обозначает то, что с помощью идентификации, прогнозирования и путём измерения эффективного средства снижаются потери к минимуму и позволяют получить экономическое обеспечение безопасности производства предприятия. Происходящие в экономике перемены создают высокий рисковый фон в целом и для отдельных предприятий и организаций в частности. Трансформационные процессы начались в условиях политической и экономической нестабильности, результатом стало появление и последующие развитие ряда факторов оказавших негативное влияние в первую очередь на финансово-коммерческую сферу. Уровень неопределенности влияет на инвестиционный и общий деловой климат. Неопределенность означает ситуацию, в которой полностью неизвестна вероятность совершения события[2].

Главная цель риск - менеджмента является восстановление стабильности и жизнеспособности бизнеса, а также эффективное использование необходимых финансовых ресурсов, то есть снижение потери долгосрочных рисков и сведение к минимуму постоянных издержек[3].

Управление рисками представляет собой процесс определения, анализа, оценки, контроля рисков, угрожающих активам и доходам компании. Управление риском является процессом сокращения разрыва между ожидаемыми выгодами от снижения риска и суммой необходимых затратами для минимизации риска.

В настоящее время нет единого определения риска. Основные определения риска и управления рисками систематизированы автором и приведены в приложении 2.

Риск предприятия обозначает, что существует неопределённость потери или получения дополнительного дохода из отклонения или противоречия фактических результатов и ожидаемых результатов деятельности в силу различных непредвиденных

1 Доклад Стиглица. О реформе международной валютно-финансовой системы: уроки глобального кризиса: Доклад комиссии финансовых экспертов ООН. – М.: Междунар. Отношения, 2010. – 328 с

2 Гапоненко, А. Л. Стратегическое управление: учебник / А.Л. Гапоненко, А.П. Панкрухин. – М.: Омега-Л, 2004. – 472 с.

3 Бадалова А.Г. Основные аспекты применения методов распознавания при управлении рисками производственных систем / Бадалова А.Г., Волочиенко В.А. // Вестник МГТУ Станкин. 2014. № 4 (31). С. 220-224.

неопределенных факторов в процессе хозяйственной деятельности[1].

Систему основных факторов, влияющих на уровень рисков использования ресурсов предприятия, необходимо увязывать с инструментами и способами анализа рисков (анализ чувствительности, мониторинг, использование производных инструментов) и системой агрегированных и дезагрегированных показателей[2].

Можно выделить следующие базовые показатели организации, на которые оказывают влияние рисковые ситуации:

– агрегированный показатель собственности в виде чистых активов в рыночной, справедливой и залоговой оценке;
– дезагригированный показатель стоимости капитала в виде стоимости чистых пассивов в рыночной и справедливой оценке[3].

Рассматриваемые базовые индикаторы обеспечения управления рисками систематизируют риски в три группы (финансовые, операционные и стратегические). Базовые индикаторы формирования и развития системы риск – менеджмента, направленны на разделение бизнес-риска, т.е. на риск, зависящий от деятельности компании, и других видов риска, не зависящих от такой деятельности. Используя предложенные индикаторы предприятие получает максимально безопасное обеспечение с минимальными издержками с помощью использования экономических и технических средств для решения проблемы рисков на основе идентификации и измерения рисков. На базе использования пассивной, активной и нейтральной зон финансового риска в целях создания эффективной, транспорентной и релевантной системы управления рисками.

Рассматриваемые базовые индикаторы обеспечения управления рисками ориентированы на использование основополагающего принципа постоянно действующего предприятия, который сводится к тому, что рыночная рисковая стоимость активов предприятия должна быть равна рыночной стоимости организации собственности, кредиторов, налоговых органов на эти активы, т.е. обеспечение наличия чистых активов с учётом комплекса рисковых операций. Отсюда вытекает, что основным оценочным индикатором обеспечения управления рисковыми операциями выступают:

– чистые активы в реальных оценках (рыночная, справедливая, залоговая);
– чистые пассивы в реальной стоимости (рыночной, справедливой, залоговой)[4].

---

1 Швец С.К. Методические принципы разработки системы элиминирования рисков нефинансовой компании / Швец С.К. // Вестник образования и развития науки Российской академии естественных наук. 2014. № 1 (18). С. 59-63.

2 Борисоглебская Л.Н. Управление рисками в современных условиях: монография / Борисоглебская Л.Н., Емельянов С.Г., Криволапов А.Н. - Москва: Издательство "Высшая Школа", 2009. – 208 с.

3 Кемпбелл, Э. Стратегический синергизм // Э. Кемпбелл, К.С. Лачс. – 2-е изд. – СПб.: Питер, 2004. – 416 с.

4 Гуденица, О. В., Ивашиненко, Л. О. Стратегический учет в коммерческих организациях: учеб. пособие / О. В. Гуденица, Л. О. Ивашиненко; под ред. И.Н. Богатой. – Ростов н/Д: АзовПечать, 2008. – 292 с.

Основная идея комплексного управления рисками в том, что только с точки зрения целой компании управления рисками является наиболее эффективным, потому что разные риски из многих аспектов вместе влияют на предприятие. Это результат комбинированного воздействия всех рисков. Например, в компании страхования наличие разных рисков из изменения спроса и предложения, изменения процентных ставок, изменения цен на активы.

«Управление риском – это процесс выработки компромисса между выгодами от уменьшения риска и необходимыми для этого затратами, а также принятие решения о том, какие действия следует предпринимать (включая отказ от каких бы то ни было действий)»[1]. В контексте нашего исследования для решения этой проблемы может быть использована система производных инструментов и в первую очередь хеджированный и производный отчёты интегрированного риска.

Управление риском организации предусматривает:

– Определение наиболее важных последствий критической ситуации.
– Разработку схемы поведения экономического субъекта в различных вариантах развития критической ситуации для снижения убытков от непредвиденных факторов.
– Подготовку условий преодоления отрицательных последствий использования конкретных бизнес-единиц для продолжения бизнеса в целом.
– Определение уровня риска в отношении платежеспособности, т.е. активной, пассивной или нулевой иммунизации.
– Разработку стратегии преодоления негативных последствий на основе использования стратегического производного балансового отчёта.

Процесс управления риском включает 5 этапов:

1. определение цели, современное управление рисками представляет собой функцию управления предприятием, предмет (объект) управления в виде организации мягких активов предприятии, стоимость операции по управлению субъектом, с учётом различных неопределенностей и ограничивающих характер событий;

2. идентификацию рисков. Риск прогнозирует незапланированные события и имеет уверенность и способность применять критическое мышление быстрее, чем конкуренты;

3. оценку рисков, возможность разрыва между будущем результатом развития вещей и ожидаемым результатом людей;

4. регулирование рисков, с целью минимизации влияния на капитал и доход;

5. контроль риска, т.е управление рисками является определением, оценкой и

---

1 Швец С.К. Эволюция концепций корпоративного риск-менеджмента: этапы и парадигмы / Швец С.К. // Вестник образования и развития науки Российской академии естественных наук. 2013. № 4. С. 43-51.

экономическим контролем всех факторов, которые угрожают активам и рентабельности предприятия (рисунок 9).

*Источник: составлено автором*

**Рисунок 9 Схема организации процесса по управлению рисками**

Управление риском также предусматривает:

1. Определение наиболее важных последствий критической ситуации.

2. Разработку схемы поведения экономического субъекта в различных вариантах развития критической ситуации для снижения убытков от непредвиденных факторов.

3. Подготовку условий преодоления отрицательных последствий использования конкретных бизнес-единиц для продолжения бизнеса в целом.

4. Определение уровня риска в отношении платежеспособности, т.е. активной, пассивной или нулевой иммунизации.

5. Разработку стратегии преодоления негативных последствий на основе использования стратегического производного балансового отчёта.

6. Определение зон финансового риска: активная, пассивная и нейтральная.

Управление рисками ориентирует на следующие ситуации: на экономические; сегментарные; ситуации в разрезе видов деятельности; связанные с изменением платежеспособности; определяющие финансовое положение; влияющие на резервную систему предприятия[1].

К экономическим ситуациям относятся ситуации, касающиеся в целом предприятия, и связанные с изменением учётной политики, внедрением инноваций,

1 Крохичева Г.Е. Адаптивные учетно-аналитические системы стратегического управления организацией: монография / Крохичева Г.Е., Лесняк В.В., Аракельянц Э.С., Музыка Т.Н. // Ставрополь, Издательство Ставролит, 2016. – 208 с.

использованием венчурного капитала, кредитов, изменением направлений стратегической активности и др.

Сегментарные ситуации касаются отдельных сегментов деятельности, как внешних, так и внутренних. Виды деятельности (основная, инвестиционная, капитальное строительство и др.) позволяют в необходимых случаях обеспечивать управление рисками по видам деятельности.

Управление рисками платежеспособности помогает определить активную, пассивную и нейтральную иммунизацию по срокам, размерам, процентным ставкам и рискам платежей.

Управление финансовым положением направлено на облегчение регулирования рисков использования активов, пассивов и капитала.

Управление резервной системой и интегрированными рисками позволяет определить активную, пассивную или нейтральную зоны финансового риска и принять меры по регулированию этого процесса.

По сущности, риск является неопределённостью потери. Управление рисками является новой управленческой дисциплиной, позволяющей освоить закономерности возникновения рисков и понять технологии контроля рисков путём использования различных методов и средств[1].

Это обозначает, что хозяйственные единицы используют общие принципы управления для ресурсов и деятельности организации. По оптимальному сочетанию различных технологий управления рисками для проведения эффективного контроля рисков с целью получения максимального обеспечения.

Бизнес имеет две цели, во-первых, выживание, эффективность и развитие, во вторых, выполнение социальных обязанностей. Для достижения первой цели необходимо управление рисками, так как является контролем фактических и потенциальных убытков[2].

Эта проблема волнует экономистов всех стран и постоянно обсуждается на всемирных экономических конгрессах.

В докладе Д. Добиджа (Польша) на всемирном экономическом конгрессе в Гонконге были рассмотрены затраты, связанные с существующим риском компании. Дано описание взаимосвязи между чрезвычайными статьями и стоимостью риска, которая принимается как дополнительная переменная, объясняющая поведение компании. Учёт этой категории позволяет определить несколько коэффициентов, обогащающих раскрытие риска компании. В их числе отношение стоимости риска к капиталу, которое является наиболее значимым.

---

1 Лесняк В.В. Учетно-аналитическое обеспечение адаптивной стратегии коммерческой организации / Лесняк В.В., Крохичева Г.Е., Аракельянц Э.С. // Kant. 2016. № 4 (21). С. 136-142.

2 Клейнер, Г. Б. Становление общества знаний в России: социально-экономические аспекты / Г. Б. Клейнер // Общественные науки и современность. – 2005. – № 3. – С. 122-131.

В настоящее время существуют различные научно-методические подходы к управлению рисками организации[1].

1. Процессный подход, когда управление риском рассматривается как определенным образом организованный процесс.

Выявление рисков в процессном подходе проводится на основании анализа моделей бизнес-процессов и их аннотаций отдельно по каждой процессной области. Для выявления рисков разрабатывается календарный план консультаций рабочей группы с владельцами процессных областей из числа руководителей и ведущих специалистов структурных подразделений, участвующих в процессе. На основании анализа цели бизнес-процесса определяются основные характеристики процесса, как перечень факторов, свидетельствующих об успешности (или неуспешности) процесса. Риски определяются в результате анализа содержания процесса, как перечень факторов, влияющих на основные характеристики процесса.

Основная цель процесса управления рисками при принятии управленческих решений — увеличение вероятности успешной реализации любой деятельности через снижение степени воздействия рисков до приемлемого уровня. Содержание этого процесса составляют функции, которые представляют собой обособленные виды деятельности в общем цикле управления рисками (таблица 5)[2].

Обобщенная схема процессного подхода к управлению рисками организации представлена на рисунке 10.

Поскольку каждый процесс уникален, в литературе нет единого понимания последовательности этапов процессного риск-менеджмента организации.

Управление рисками является процессом. Оно реализуется органом управления коммерческой организации. Управление рисками используется на предприятии для разработки стратегии. Цель управления рисками является определением потенциальных событий влияющих на хозяйственный субъект, и контролем риска для достижения главной цели, чтобы обеспечить достаточную уверенность[3].

2. Проектный подход (управление рисками проекта).

Зарождение управления проектами как самостоятельной дисциплины относится к 30-м годам и связывается с разработкой специальных методов координации

1 Бадалова А.Г. Применение интервальных методов анализа основных стоимостных показателей предприятия в системе стратегического управления рисками / Бадалова А.Г., Пантелеев П.А. // Вестник Южно-Российского государственного технического университета (Новочеркасского политехнического института). Серия: Социально-экономические науки. 2011. № 3. С. 37-44.

2 Комплексный подход к риска-менеджменту: стоит ли этим заниматься? Т.Бартон [и др.]; пер с англ. – М.: Вильямс, 2003. – 319 с.

3 Борисоглебская Л.Н. Риск-менеджмент российской экономики / Борисоглебская Л.Н., Емельянов С.Г. // Научные ведомости Белгородского государственного университета. Серия: История. Политология. Экономика. Информатика. 2007. Т. 2. № 3. С. 154-158.

**Таблица 5 Функции, цели и задачи процессного управления рисками**

| Функции | Цели | Задачи |
| --- | --- | --- |
| Планирование | Обозначить порядок последовательность и сроки выполнения мероприятий по управлению рисками | • Разработать план мероприятий по управлению рисками<br>• Определить потребность в обучении персонала |
| Идентификация рисков (опасностей) | Получить описание рисков реализации процесса, деятельности | • Выявить ситуации, которые могут в будущем оказать негативное влияние на ход выполнения процесса (деятельности)<br>• Документировать все выявленные риски (список рисков) |
| Оценка и анализ рисков | Оценить степень ущерба или вероятные потери при реализации выявленных рисков | • Определить вероятность наступления нежелательных событий (рисков)<br>• Определить величину ущерба при реализации каждого риска<br>• Определить степень воздействия рисков на процесс (деятельность)<br>• Установить уровень каждого выявленного риска |
| Обработка рисков | Снизить степень воздействия рисков до приемлемого уровня | • Разработать детальные мероприятия в рамках выбранной стратегии обработки рисков, определить сроки выполнения, ответственных, распределить ресурсы.<br>• Осуществить мероприятия по обработке рисков |
| Контроль | Поддерживать установленный порядок действий по обработке рисков | • Определить эффективность мероприятий по обработке рисков<br>• Корректировать мероприятия в случае их неэфф-ективности |
| Документирование | Сохранить основные решения и результаты выполненных действий в процессе управления рисками | • Внести все идентифицированные риски<br>• (опасности) в «Реестр рисков»<br>• Сохранить всю информацию по рискам в базе данных<br>• Сформировать рейтинг рисков по результатм ранжирования.<br>• Составить сводные матрицы рисков по отдельным процессам |

инжиниринга крупных проектов в США: авиационных в US Air Corporation и нефтегазовых в известной фирме Exxon. Развитие методов управления проектами в России шло в русле мирового развития управления проектами с некоторым отставанием от Запада, которое вызвано отставанием в компьютеризации и информационных технологиях, а также в масштабах практического применения проектного управления, вызванных невостребованностью управления проектами, существовавшими до недавнего времени планово-распределительной экономикой и административно-командными методами управления[1].

1 Лапуста, М. Г. Риски в предпринимательской деятельности / М. Г. Лапуста, Л. Г. Шаршукова – М: ИНФРА-М : Полимаг, 1996. – 225 с.

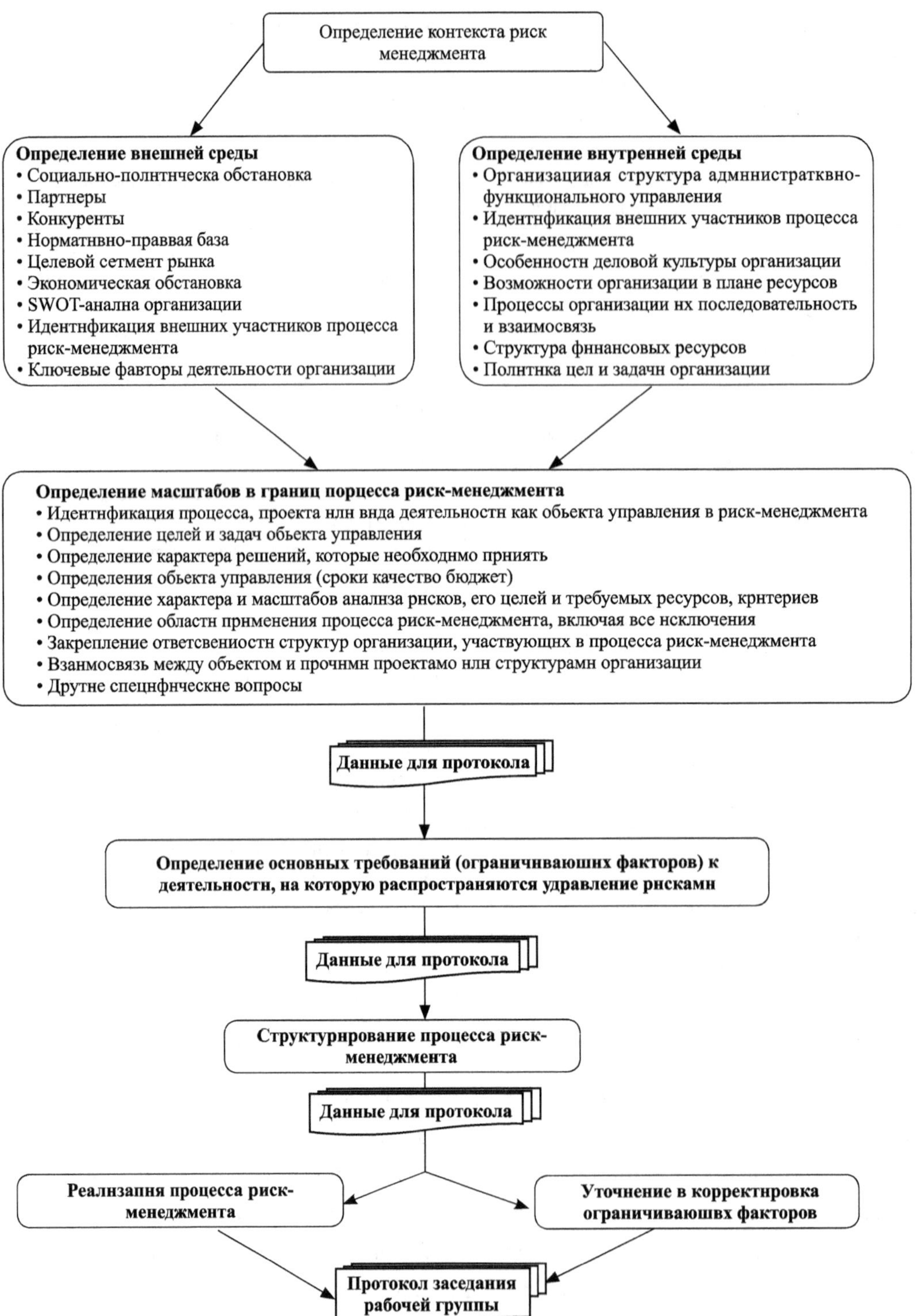


**Рисунок 10 Обобщенная схема процессного подхода к управлению рисками организации[1].**

1 Кудрявцева А.С. Управление рисками. – М.: ИНФРА-М. 2000. – 68 с.

В современном бизнесе существует ряд глобальных тенденций, позволяющих говорить о его «проектизации», т. е. возрастании доли и значения деятельности, связанной с осуществлением проектов. Важнейшими среди них являются:

– сокращение жизненного цикла изделий и услуг, в особенности сроков разработки и запуска;

– персонализация спроса и предложения, продуктов и услуг.

Система эффективного управления проектными рисками необходима для обеспечения устойчивого непрерывного функционирования и развития компании путем своевременной идентификации, предотвращения или минимизации рисков, представляющих угрозу бизнесу и репутации компании, здоровью персонала, а также имущественным интерсам акционеров и инвесторов при реализации проектов. Управление рисками – это основа управления проектами.

Под рисками в проектной деятельности понимается вероятность возникновения события, которое оказывает негативное влияние на проект на различных фазах его жизненного цикла в связи с неопределенностью параметров внутренней и внешней среды проекта.

Процедура управления рисками проекта позволяет на основе анализа случайных факторов выработать стратегии поведения в рисковых ситуациях.[1] Диаграмма потоков данных планирования управления рисками проекта представлена на рисунке 11.

**Рисунок 11 Диаграмма потоков данных планирования управления рисками[2]**

1 Титаренко Б. П. Управление рисками в рамках системной модели проектно-ориентированного управления // Управление проекта-ми и программами. – 2006. – № 1 (5). – С. 76-89.

2 Руководство PMBOK (издание пятое) http://projectimo.ru/upravlenie-riskami/riski-proekta.html.

Рассматривая процесс риск-менеджмента проекта, нужно понимать, что проектная цель может быть достигнута, только если управлять рисками проекта на всех этапах его жизненного цикла. Вместе с тем обобщение информации приведенных схем позволяет агрегированно представить процесс риск-менеджмента в виде определенных шагов:

– идентификации возможных рисков;

– анализа и оценки проектных рисков;

– выбора методов управления рисками;

– применения выбранных методов;

– оценки результатов управления рисками.

Задачи и методы управления риском на разных стадиях жизненного цикла проекта представлены в таблице 6[1].

**Таблица 6 Задачи и методы управления риском на разных стадиях жизненного цикла проекта**

| Фаза жизненного цикла | Этап проекта | Цель этапа | Задачи и методы управления рисками |
|---|---|---|---|
| Предпроектное обоснование инвестиций | Концепция проекта | Определение эффективност и проекта | • Идентиф икация ф акторов риска и неопределенности<br>• Определение значимости факторов риска и неопределенности экспертными методами<br>• Анализ чувствительности |
| | Технико-экономическо е обоснование проекта (ТЭО) | | • Дерево решений<br>• Проверка усойчивости<br>• Определение точки безубыточности<br>• Формализованное описание неопределенности и рисков<br>• Анализ сценариев<br>• Метод Монте-Карло |
| Разработка проекта | План проекта | Разработка сметы и бюджета проекта | • Корректировка дерева реш ений<br>• Распределение рисков<br>• Определение сртутуры и объема резервирования средств на покрытие непредвиденных расходов<br>• Учет риско финансовом плане проекта (налог ового: риска неуплаты задолженностей, незаверш ения строительства) |
| | Рабочая документация | | • Корректировка параметров проекта по результатам анализа рисков<br>• Разработка сметы проекта с учетом непредвиденных расходов |

1 Маккатри М. П., Флинн Т. П. Риск: управление риском на уровне топменеджеров и советов директоров: пер. с англ. – М.: Альпина Бизнес Букс, 2005.

| Фаза жизненного цикла | Этап проекта | Цель этапа | Задачи и методы управления рисками |
|---|---|---|---|
| Реализация проекта | Контракты | Мониторинг эффективност и реализации проекта | • Формирование рабочег о бюджета проекта<br>• Страхование рисков<br>• Метод частных рисков |
| | Строительство | | • Контроль за использованием средств на непредвиденные расходы<br>• Корректировка бюджета |
| Заверш ение проекта | Сдача-приемка | Анализ (аудит) эффективност и проекта | • Анализ исполь зования средств на непредвиденные расходы<br>• Анализ обобщ ения фактических проявлений рисков и неопределенности по результатам проекта |
| | Закрытие проекта | | |

На рисунке 12 представлен алгоритм принятия решения по факту выяснения вопроса управляемости и величины риска. В случае, если установлены неуправляемые опасные риски, они выносятся на обсуждение с заказчиком и инвестором. Выявление опасной неуправляемой угрозы может послужить основанием для остановки реализации проекта[1].

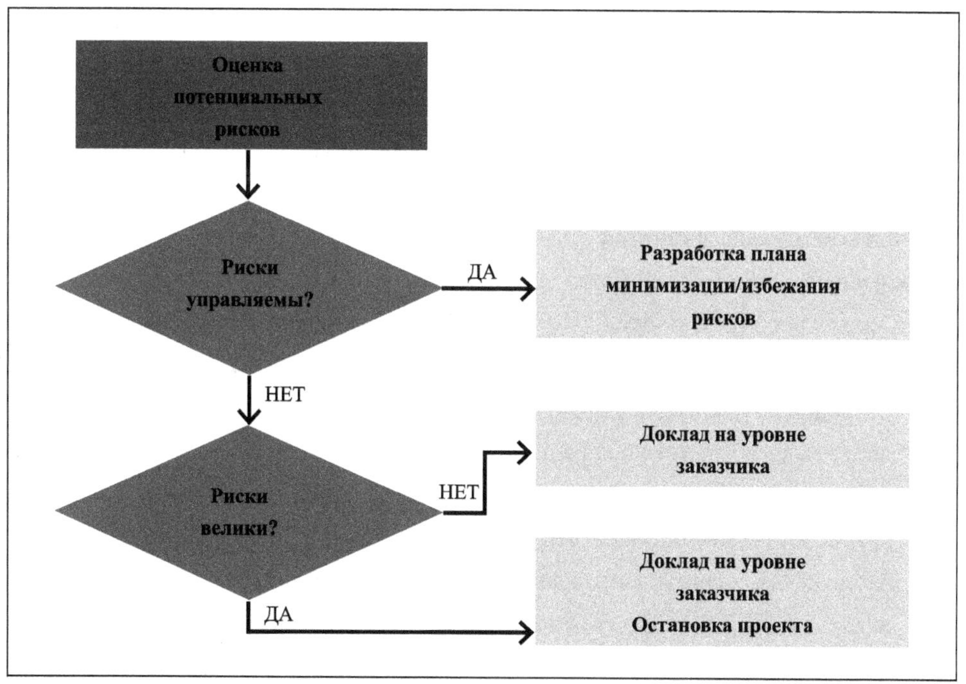


**Рисунок 12 Алгоритм принятия решения по факту выяснения вопроса управляемости и величины риска проекта**

1 http://projectimo.ru/upravlenie-riskami/riski-proekta.html.

В случае возникновения неуправляемых рисков (скрытых, латентных), производится остановка проекта, что является отрицательным моментом в управлении рисками проекта.

3. Сценарный подход.

На практике при проведении анализа рисков эксперт сталкивается с неограниченным множеством вариантов развития событий. Это связано с необходимостью описания всех возможных условий реализации проекта в форме соответствующих им сценариев или моделей, учитывающих взаимосвязи между основными техническими, экономическими и другими параметрами проекта, учёте разнообразных затрат, включая затраты на противорисковые мероприятия. Такой модельный анализ связан также с необходимостью преобразования исходной информации о факторах неопределенности в информацию о вероятностях отдельных условий реализации и показателях эффективности[1].

Это прежде всего относится к описанию бизнес-операций – конкретных действий, осуществляемых предприятием в экономической деятельности, следствием которых являются изменения в размерах и направлениях движения финансовых потоков. Конструируемые на этой основе модели отражают реальную производственно-хозяйственную деятельность предприятия посредством описания поступлений денежных средств и их выплат как взаимосвязанных событий, относящихся к разным временным периодам.

На основе сценариев может быть проанализировано воздействие на изменение выбранного критерия оценки проектной эффективности одновременного изменения всех основных переменных проекта, определяющих его денежные потоки. Важным преимуществом метода является то, что отклонения параметров рассчитываются с учётом их взаимозависимостей (корреляции)[2].

Чаще всего рассчитываются три возможных сценария изменения переменных: пессимистический, оптимистический и наиболее вероятный. В соответствии с этими расчётами определяются новые значения критериев.

Главная проблема практического использования сценарного подхода заключается в необходимости построения модели проекта и определении связи между переменными. Кроме того, к недостаткам сценарного подхода относят:

– необходимость значительного качественного исследования модели проекта, т.е. создания нескольких моделей, соответствующих каждому сценарию, включающих объемные подготовительные работы по отбору и аналитической переработке информации.

1 Лопатин, В. А. Управление бизнес-процессами / В. А. Лопатин // Управление в кредитной организации. – 2008. – № 6. – С. 41- 44.

2 Найт Ф. Риск, неопределенность и прибыль. – М.: Дело, 2003.

– достаточную неопределенность, размытость границ сценариев. Правильность их построения зависит от качества построения модели и исходной информации, что значительно снижает их прогностическую ценность. При построении оценок значений переменных для каждого сценария допускается некий волюнтаризм.

– ограниченность числа возможных комбинаций переменных и число сценариев, подлежащих детальной проработке. В противном случае возможно получение чрезмерно большого объема информации, прогностическая сила и практическая ценность которой при этом сильно снижаются. Для получения общего распределения последствий проекта необходимо использовать имитационное моделирование[1].

Сценарный метод анализа проектных рисков обладает следующими особенностями, которые можно считать его преимуществами:

– учётом корреляции между переменными и влияния этой корреляции на значение интегрального показателя;

– возможностью построения разных вариантов осуществления проекта, что дает некоторое представление об устойчивости всего проекта в целом к изменениям внешней среды;

– содержательностью процесса разработки сценариев и построения моделей, позволяющей проектному аналитику получить более четкое представление о проекте и возможностях его будущего осуществления, выявить как позитивные, так и негативные стороны проекта.

4. Ситуационное управление рисками.

В основе регламентации и консервативного менеджмента лежит предположение о том, что имеются достаточно точные и достоверные данные как для проведения корпоративных измерений, так и для их мониторинга и оценки. Таким бразом, консервативный менеджмент отвергает неопределенность. Ситуативное управление, напротив, учитывает её абсолютную неизбежность и необходимость принятия решений в условиях недостаточности информации. В этом состоит ключевое отличие ситуативного управления от консервативного менеджмента.

В отличие от классических теорий управления, которые имеют дело с типизированным и универсальным объектом управления, ситуативное управление работает с уникальным объектом – ситуацией, сложившейся в сложной системе. Понимание текущей ситуации как важного явления было отражено Мери Фоллетт, утверждавшей о «законе ситуации», имея ввиду, что различные ситуации требуют различных типов знаний. Ральф Стогдилл также утверждает, что именно ситуация по большей части определяет, какие черты и навыки нужны лидеру. Однако лишь в конце 60-х годов прошлого века был разработан соответствующий подход к управлению,

1 Николаенко, А. В. Формирование информации о бизнес-процессах в учетно-аналитической системе / А. В. Николаенко // Управленческий учет. – 2011. – № 11. – С. 45-54.

который получил название ситуационного управления (situational management)[1].

Понятие «ситуация» — центральное в ситуативном управлении, однако его часто наполняют самым разнообразным содержанием. Его отождествляют с такими категориями как «состояние», «событие» и т. д.

Многие специалисты в области менеджмента склонны рассматривать ситуацию как «конкретный набор обстоятельств, оказывающих существенное влияние на работу организации в данный момент». Позднее понятие «ситуация» было расширено добавлением в него информации о связях между объектами: «текущая ситуация — это совокупность всех сведений о структуре объекта и его функционировании в данный момент времени». Причем в рассмотрение включаются связи, имеющие место в настоящее время, но зависящие от произошедших событий и развивающиеся. Это кардинально отличает «ситуацию» от «состояния» и «события», которые могут соответствовать только одному моменту времени.

Ситуационное управление (от лат. situation, положение) — оперативное управление, осуществляемое в дополнение к стратегическому, перспективному и заключающееся в принятии управленческих решений по мере возникновения проблем в соответствии со складывающейся ситуацией.

Применительно к риск-менеджменту, можно утверждать, что ситуационное управление рисками представляет собой оперативное управление, осуществляемое в дополнение к стратегическому, перспективному и заключающееся в принятии управленческих решений в условиях неопределенности и риска по мере возникновения проблем в соответствии со складывающейся ситуацией для минимизации риска и снижения уровня, в идеале - устранения неопределенности для достижения целей организации (рисунок 13). Традиционно считается, что процесс ситуационного управления включает четыре основных этапа:

Ключевым в этом процессе является третий этап, он заключается в выборе наиболее существенных для ситуации внешних и внутренних переменных. Если не сделать это правильно, нельзя будет полностью оценить сравнительные характеристики методов управления или приспособить их к ситуации. Конкретные наборы ситуационных переменных сильно варьируются, однако методологи выделили и достаточно ограниченный перечень основных и наиболее важных для подавляющего большинства управленческих ситуаций[2].

От ситуационного управления следует отличать ситуативное управление.

Ситуативный подход к управлению — это не столько стройная система

---

1 Парасоцкая, Н. Н. Бизнес-процессы как способ повышения эффективности принимаемых управленческих решений / Н. Н. Парасоцкая // Все для бухгалтера. – 2010. – № 6. – С. 19-23.

2 Кунц Г. Управление: системный и ситуационный анализ управленческих функций / Кунц Г., О Доннел С. – М: Прогресс, 1981. – 318 с.

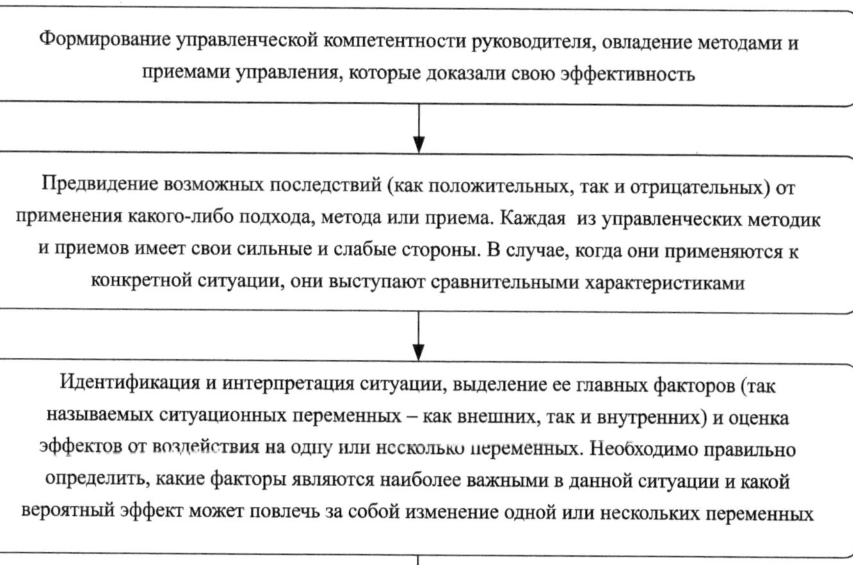


**Рисунок 13 Процесс ситуационного управления рисками организации**[1]

менеджмента, сколько способ мышления об организационных проблемах и их решениях. В литературе по менеджменту приводятся следующие основные положения и принципы ситуативного управления:

1. Управление — это искусство менеджера правильно определить и оценить ситуацию и выбрать наиболее эффективные методы управления, наилучшим образом отвечающие возникшей ситуации.

2. Уникальность объекта управления требует для его описания специальных средств, отличных от формальных математических моделей.

3. Существует более одного пути достижения цели. Менеджеры могут приспосабливать свои организации к ситуации или изменять ситуацию согласно требованию организации.

4. В сложных системах результаты одних и тех же управленческих решений могут существенно отличаться друг от друга.

5. Не существует какого-либо универсального метода или практики управления. Оптимальные приемы и способы, которые должен использовать руководитель для успешного достижения целей организации, определяются именно ситуацией управления – они не могут носить только общий характер и должны значительно

---

1 Екатеринославский Ю.Ю. Управленческие ситуации: анализ и решения. / Екатеринославский Ю.Ю. – М.: Экономика, 1988. – 231 с.

варьироваться[1].

Ситуативное управление осуществляется менеджерами в реальном масштабе времени и в темпе, соответствующем скорости развития ситуации. При этом менеджеры должны постоянно коммуницировать между собой, чтобы совместно осмыслить и понять ситуацию. При ситуативном управлении решения чаще всего основаны на общих оценках, комбинации мнений[2].

Важно отметить, что ситуативный подход к управлению, в отличие от других, претендовавших на роль универсальных и «единственно верных», утверждает, что лучшего метода и инструмента управления нет в принципе. Эффективность любого из методов и инструментов управления относительна и определяется ситуацией, в которой он применяется[3].

Для обеспечения рисковой стратегии создается программа интегрированного управления рисками фирмы. После принятия программы к исполнению и внедрению на этой основе ведется мониторинг рисковой обстановки. При необходимости производится корректировка рисковой стратегии, и, соответственно, программы управления рисками.

Разрабатывая методики по организации ситуационного управления потенциальными рисками организаций необходимо учитывать, что каждая организация проходит определенные этапы своего развития, это жизненные циклы.

Говоря о процессах управления риском, не следует иметь в виду только продукт, производимый фирмой. Сама фирма является «живым», целостным организмом, проходящим различные циклы своей деятельности. На этапах этих циклов возникают риски, источники которых могут быть как внутри, так и вне самой фирмы[4].

На первых этапах жизни фирма расходует деньги, разрабатывает продукт, подготавливая производство и обустраивая рыночную нишу, а доходов не зарабатывает.

На этапе быстрого роста возникает необходимость постоянного внешнего финан-сирования, которое относительно легко доступно, но опасна эйфория роста и избыточное заимствование.

На этапе зрелости темп роста замедляется, а фирма производит больше денег, чем может эффективно реинвестировать в свой бизнес.

На последней стадии фирма может быть умеренно прибыльной при снижающихся продажах, но неспособна реинвестировать в свою деятельность[5].

1 Рамперсад, Х. TPS-Lean Six Sigma. Новый подход к созданию высокоэффективной компании / Х. Рамперсад, А. Эль-Хомси; пер. с англ., под науч. ред. В. Л. Шпера – М.: Стандарты и качество, 2009. – 416 с.

2 Шаш Н.Н. Обучение персонала. Ситуационный менеджмент / Шаш Н.Н. – М.: ИД «РАВНОВЕСИЕ», 2007. – 326 с.

3 Поспелов Д.А. Ситуационное управление. Теория и практика / Поспелов Д.А. – М.: Наука, 1986г., 288 с.

4 Аракельянц Э.С. Контроль модели стратегического развития организации / Аракельянц Э.С., Крохичева Г.Е. // Научное обозрение. 2014. № 10-2. С. 557-560.

5 Клыков Ю.И. Ситуационное управление большими системами / Клыков Ю.И.. М., “Энергия”, 1974. – 134 с.

По теории И.К. Адизеса жизненный цикл предприятия с указанием очередности смены одной фазы на другую можно представлен на рисунке 14.

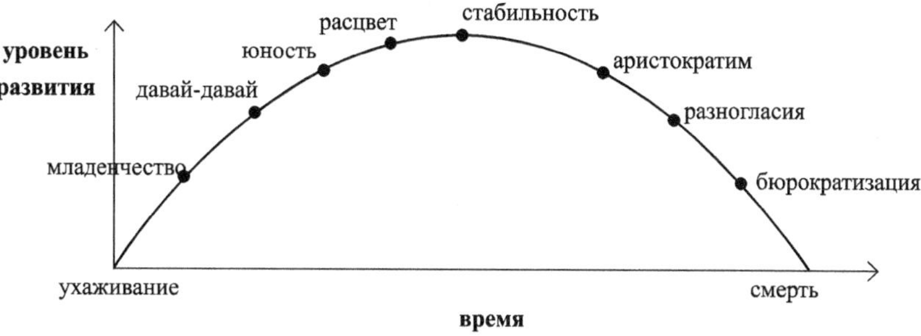


**Рисунок 14 Жизненный цикл предприятия в теории И.К. Адизеса**

Основной целью стратегического управления предприятий является достижение высшей степени его устойчивости и обеспечение роста и развития.

Этапы жизненного цикла организации могут быть представлены самым различным образом. Целесообразно анализировать, прежде всего, её внутреннюю и внешнюю динамику (таблица 7).

**Таблица 7 Внешняя и внутренняя динамика организации**

| Внутренняя динамика | Внешняя динамика |
|---|---|
| Создание коммерческой организации: разработка миссии и стратегических целей бизнеса; определение рыночной ниши; определение продуктового ряда; выбор источника финансирования проекта создания фирмы; проведение PR-компании; запуск проекта и т.д | Интеграционные процессы: слияние; разделение; приобретение; альянсы; партнерство; вертикальная интеграция |
| Управление текущей деятельностью коммерческой организации: трансакции; максимизация прибыли; сокращение издержек; технологические переходы; решение социальных задач; решение экологических задач; страхование; фондовые операции | Освоение новых рынков: горизонтальная интеграция; диверсификация; развитие экспортного потенциала |
| Стратегическое управление коммерческой организацией: реструктуризация в рамках сложившейся структуры; рост фирмы; замедление; стабилизация; рецессия; упадок или новый цикл | |

До появления ситуационного управления, экономисты ориентировались на использование двух измерителей: оценки и времени.

Внутренняя и внешняя динамика коммерческой организации формирует одно измерение задач управления рисками, которые могут иметь место на каждом этапе жизненного цикла коммерческой организации[1].

Комплексное управление рисками служит общим целям бизнеса для реализации основного процесса управления рисками во всех аспектах управления бизнесом и

1 Ригби, Д. Рейтинг инструментов менеджмента / Д. Ригби // Деловое совершенство. – 2006. – №11. – С. 20-21.

бизнес-процессах, для того, чтобы культивировать эффективное управление рисками, формировать и совершенствовать комплексную систему управления рисками, в том числе и стратегию управления рисками, финансирования мероприятий по организации функции систем управления рисками, информационных систем управления рисками и системы внутреннего контроля, для обеспечения разумных процессов и методов в достижении общих целей управления рисками.

Всё это привело к выводу, что необходимо разработать модель ситуационного учёта рисков, позиционирующую в разрезе основных рисковых ситуаций учётные критерии, структурированный рабочий план счётов, учёт и контроль (рисунок 15).

<table>
<tr><td colspan="3">Комплексные ситуации в организации:<br>►Экономические ситуации<br>►Сегментарные ситуации<br>►Виды деятельности<br>►Платежеспособность<br>►Финансовое положение<br>►Резервная система организации</td></tr>
<tr><td colspan="3">Критерии управления</td></tr>
<tr><td>Ситуации</td><td>События</td><td>Факты хозяйственной деятельности</td></tr>
<tr><td>Стратегический учет</td><td>Управленческий учет рисков</td><td>Финансовый учет рисковых ситуаций, событий, фактов</td></tr>
<tr><td colspan="3">Контроль: Система производных отчетов ситуационного управления рисков организации</td></tr>
</table>

*Источник: Составлено автором*

**Рисунок 15 Модель ситуационного управления рисками в разрезе основных рисковых ситуаций**

В настоящее время имеют место 3 трактовки ситуационного управления:

- определяет его как отдельные экономические ситуации, комплекс которых формирует предприятие в качестве объекта учёта;
- рассматривает ситуации в масштабах предприятия как изменение методов учёта;
- в качестве ситуации выдвинула два измерителя: территориальные (сегменты деятельности, сегменты рынка) и временные фракталы (временные горизонты).

Всё это стало возможным благодаря использованию новых информационных технологий.

Модель ориентирует пользователей на следующие комплексные ситуации:

– на экономические;

– сегментарные;

– ситуации в разрезе видов деятельности;

– связанные с изменением платежеспособности;

– определяющие финансовое положение;

– влияющие на резервную систему предприятия.

К экономическим ситуациям относятся ситуации, касающиеся в целом предприятия, и связанные с изменением учётной политики, внедрением инноваций, использованием венчурного капитала, кредитов, ссуд; изменением направлений стратегической активности и др.

Сегментарные ситуации касаются отдельных сегментов деятельности, как внешних так и внутренних. Виды деятельности (основная, инвестиционная, капитальное строительство и др.) позволяют в необходимых случаях обеспечивать управление рисками по видам деятельности.

Управление рисками платежеспособности помогает определить активную, пассивную и нейтральную иммунизацию по срокам, размерам, процентным ставкам и рискам платежей организации.

Управление финансовым положением направлено на облегчение регулирования рисков использования активов, пассивов и капитала[1].

Роберт Таггерт, профессор финансов бостонского университета, доказывал, что «бухгалтерские данные нам не говорят ни о чем, что только рыночная стоимость доли долговых обязательств – вот единственное сравнение, имеющее смысл, а для этих целей может быть использована система производных инструментов, включающая более 50 производных отчётов» (рисунок 16).

Схема развития экономической стратегии представлена: условиями внешней среды и тенденцией, рыночными возможностями риска, отличительными компетенциями компаний; возможностями финансовыми, управленческими, функциональными и организационными; корректировками стратегического производного балансового отчёта представлены, определены наилучшими соотношениями рыночных возможностей и ресурсов компании; корректировочными ресурсами, расширяющими или ограничивающими спектр возможностей, которые, определяют сильные и слабые стороны предприятия[2].

Ситуационное управление рисками включает стратегический учёт, ориентированный на определение и прогнозирование возможного изменения основных факторов внешней среды:

– условий конкуренции в отрасли;

– основных опасностей для фирмы;

1 Рэдхэд К., Хьюс С. Управление финансовыми рисками: Пер. с англ. – М.: ИНФРА-М, 1996.

2 Рогов М. А. Риск-менеджмент — М: Финансы и статистика, 2001.

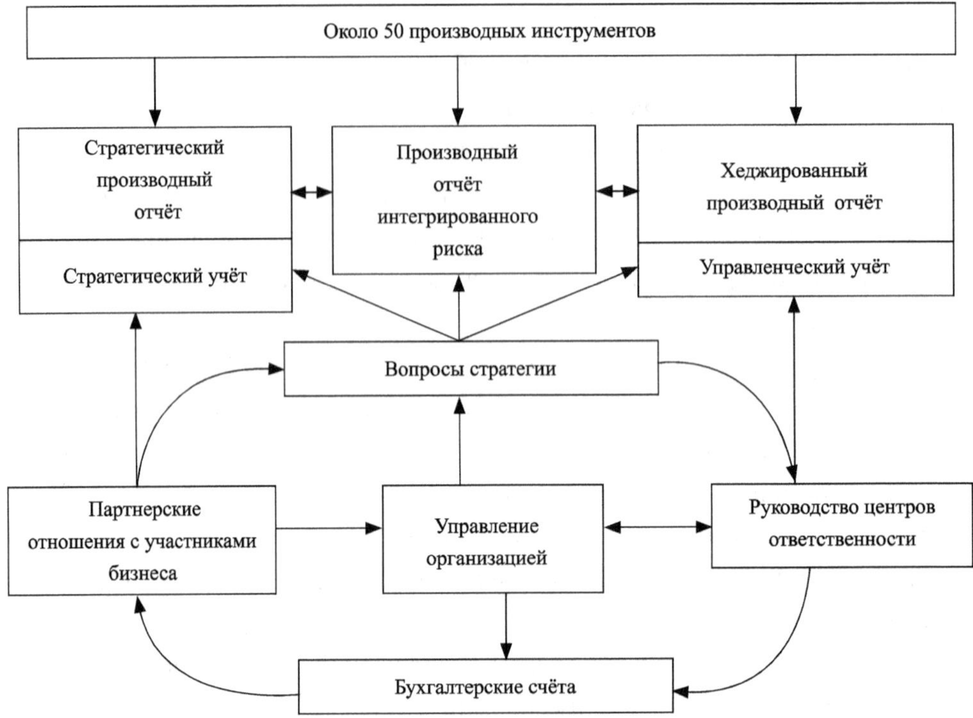


**Рисунок 16　Вопросы стратегии и управления рисками организации**

– рынка материально-технических ресурсов;

– рынка продукции, товаров;

– валютного рынка;

– кредитного рынка;

– рынка производных финансовых инструментов;

– налоговой политики и результатов её использования;

– таможенной политики;

– амортизационная политика;

– инновационной политики;

– социальной политик;

– основных агрегатов резервной системы и их стоимости для предприятия, например страхование.

Все эти факторы, согласно теории стратегического менеджмента  можно объединить в 4 основные группы: политические, экономические, социальные и технологические.

Любая бизнес-система (малое, среднее и крупное предприятие, банк, финансовая компания и т.д.) находится под воздействием скрытого, неявного (латентного) риска, против которого постоянно мобилизуются внутренние и внешние ресурсы в виде резервной системы предприятия. Управление резервной системой и латентными рисками позволяет определить активную, пассивную или нейтральную зоны финансового риска и принять меры по регулированию этого процесса.

Таким образом, нами выявлены особенности ситуационного управления латентными рисками организации и построена когнитивная карта ситуационного управления латентными рисками организации (рисунок 17).

Разработка и реализация стратегии с учётом использования агрегатов резервной системы предприятия отражены на рисунке 18.

Модель ситуационного управления рисками идентифицирует комплексные ситуации с учётными критериями, структурированным рабочим планом счётов, системой показателей финансового, управленческого и стратегического учёта и контроля. Предлагаемая модель позволит осуществлять управление рисками во всех аспектах управления бизнесом и бизнес-процессах управления, при формировании комплексной системы управления рисками, в том числе стратегий управления рисками, информационных систем управления рисками и систем внутреннего контроля для достижении общих целей управления рисками. Наиболее трудным и приоритетным при этом является выявление и учёт скрытых, неявных - латентных рисков организации.

*Источник: составлено автором*

**Рисунок 17　Когнитивная карта ситуационного управления латентными рисками организации**

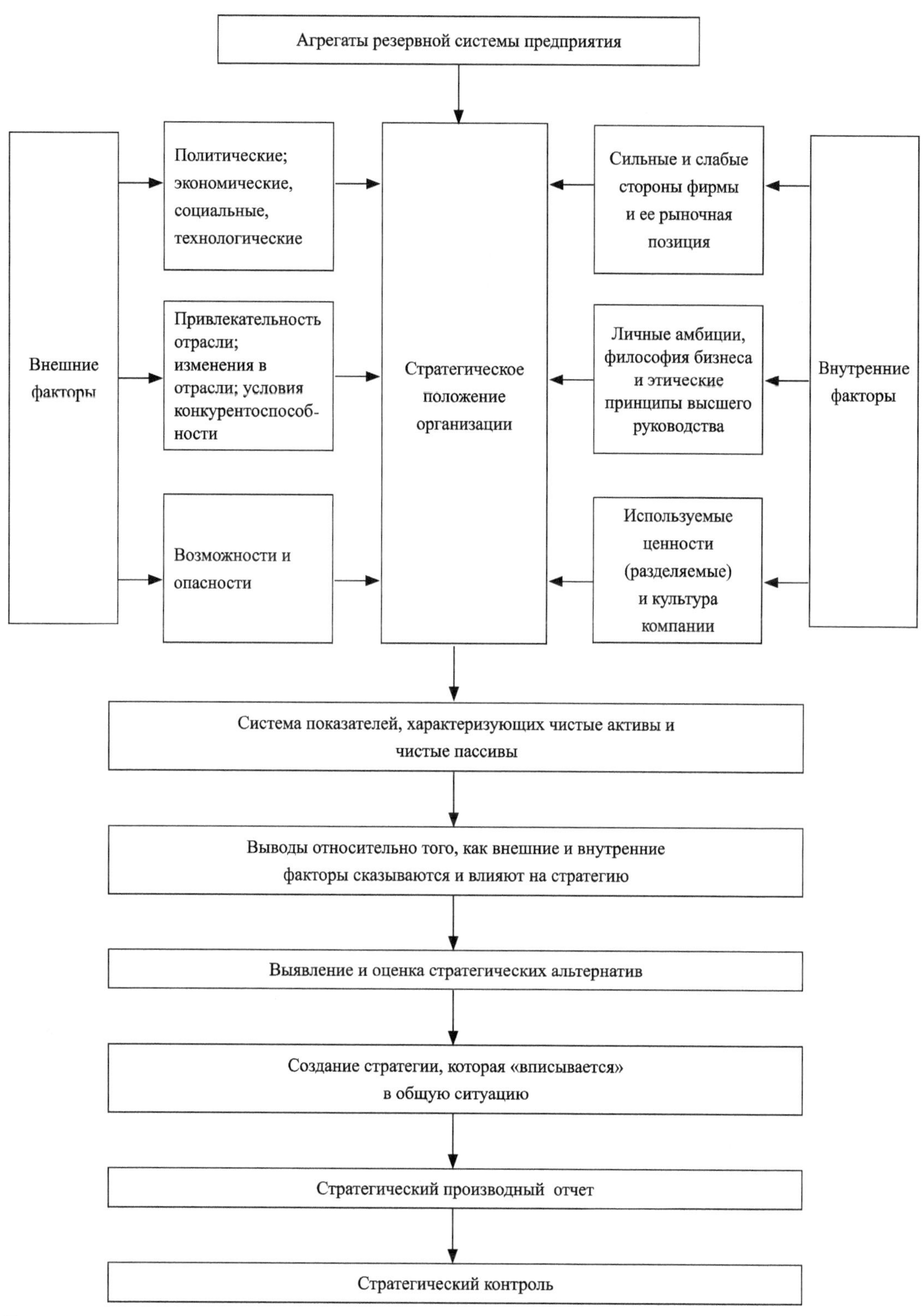


*Источник: составлено автором*

**Рисунок 18 Разработка и управление выбранной стратегией организации с учётом создания резервной системы**

# ГЛАВА 2

# МЕТОДИЧЕСКИЕ ОСНОВЫ СИТУАЦИОННОГО УПРАВЛЕНИЯ ЛАТЕНТНЫМИ РИСКАМИ ОРГАНИЗАЦИИ

## 2.1 Стратегическое управление рисковыми ситуациями в организации

Управление рисками получило широкое распространение более 40 лет назад и связано с нефтяным кризисом 60-х гг. В течение этого периода были созданы многочисленные системы управления платежеспособным, кредитным, операционным, ситуационным и другими рисками, общее число которых достигает 50[1].

Американский учёный Кристи в книге «Основа управления рисками» предложил, что управление рисками является усилиями предприятия или организация для контроля риска случайной потери и сохранения доходов и активов.

Институт внутренних аудиторов КНР в последнее время опубликовал руководство внутреннего аудита №.16, определяет управление рисками как процесс принятия соответствующих мер по контролю за допустимый диапазон на основе определения и оценки разных неопределённых событий, которые мешают выполнению цели организации.

Комиссия по контролю и управлению государственными активам КНР опубликовала подробные указания по управлению рисками предприятий, где определила комплексное управление рисками. В этих указаниях предусмотрено требование для компаний Китая культивировать культуру управления рисками, формировать и совершенствовать комплексную систему управления рисками, в том числе разрабатывать стратегии управления рисками. Создавать систему финансирования для страхования рисков связанных со деятельностью организации. Так же отмечено, что необходима организация функции систем управления рисками,

1 Сухарев, О. С. Эволюционная экономика. Институты – структура, кризисы – рост, технологии – эффективность / О. С. Сухарев. – М.: Финансы и статистика, 2012. – 800 с.

информационных систем управления рисками и системы внутреннего контроля, для обеспечения разумных процессов и методов для обеспечения достижения общих целей управления рисками.

3C-рамка (Chinese Complete Control) считает, что комплексное управление рисками является динамическим непрерывным процессом подготовки, внедрения, отчётности, мониторинга и совершенствования с использованием набора техник и инструментов соответствующих с стратегиями управления рисками по принципам реальности, практической эффективности и важности путём информационной платформы с участием всех членов для выполнения цели предприятия. В этом процессе направленность и важность являются управлением значительным рисками и внутреннем контролем важных процессов. По предыдущим мнениям, управление рисками задачей является достижением производства и эксплуатации непрерывного процесса по реализации корпоративного управления и других соответствующих сотрудников путём идентификации и оценки рисков в целях разработки, внедрения и совершенствования стратегий по борьбе с рисками через научный метод для снижения риска до приемлемого диапазона[1].

Управление рисками должно осуществляться по следующим аспектам:

Во-первых, управление рисками является непрерывным процессом, который включает в себя определение целей управления рисками, сбор различных информаций, определение риска, оценка риска, установление стратегии реагирования на риски, реализация стратегии и непрерывные мониторинг и оценка.

Во-вторых, управление рисками является не только обязанностью корпоративного управления, оно требует почти полного комплекта.

Управление рисками является не любой ценой по предупреждению и смягчению рисков, но, насколько это возможно, чтобы снизить риск до приемлемого диапазона, должна основываться на принципах экономической эффективности.

Риски предприятия не обязательно могут устранить из-за разных факторов, а управление рисками может давать разумное обеспечение предприятию для выполнения цели предприятия, а не абсолютную гарантию.

В настоящее время применяются самые разнообразные формы и методы управления риском:

(1) предотвращение риска;

(2) нестраховой трансферт риска;

(3) сокращение вероятности риска;

(4) сокращение длительности экспозиции;

(5) покупка финансовых инструментов хеджирования рисков;

---

1 Туоминен, К. Качество управления изменениями / К. Туоминен; пер. с англ. А. Л. Раскина – М.: РИА «Стандарты и качество», 2008. – 96 с.

(6) финансовая инженерия;

(7) управление резервной системой;

(8) управление интегрированным риском;

(9) управление ситуационным риском;

(10) управление платежеспособностью на основании системы коэффициентов;

(11) управление платежеспособностью на основе иммунизации;

(12) мониторинг финансового положения;

(13) управление субсидиями и субвенциями;

(14) управление активами роста;

(15) управление заемным капиталом;

(16) управление собственным капиталом;

(17) управление венчурным капиталом;

(18) управление реорганизационными процессами;

(19) антикризисное управление;

(20) забалансовые механизмы управления гарантиями;

(21) системы макроэкономического управления рисками и экономическим равновесием;

(22) возможности наступления нежелательного исхода;

(23) возможность возникновения неблагоприятных ситуаций в ходе реализации планов и исполнения бюджетов предприятием[1].

Глобализация экономики, вопросы экологической безопасности, интеллектуального капитала выдвигают новые требования к управлению предприятием. Современная коммерческая деятельность требует особых знаний, в частности, развитие электронной торговли бросает вызов бухгалтерам. А Интернет приводит к тому, что деловая информация передается мгновенно. Все это вызвало широкое распространение производных инструментов в управлении риском. Возникла необходимость и целесообразность разработки и апробации модели управления рисковыми ситуациями.

Управление рисками является научным методом управления для снижения неблагоприятных последствий риска до самого минимального уровня путём идентификации, измерения и обработки риска с минимальными затратами.

Альтернативность предполагает необходимость выбора из двух или нескольких возможных вариантов решений, направлений, действий. Если возможность выбора отсутствует, то не возникает рискованной ситуации, а следовательно и риска.

На деятельность компании влияют самые разнообразные факторы, которые создают ситуации неопределенности и риска.

1 Фляйшер, К. Стратегический и конкурентный анализ. Методы и средства конкурентного анализа в бизнесе / К. Фляйшер. – М.: БИНОМ : Лаборатория знаний, 2005. – 541 с.

В условиях нестабильной внешней и внутренней среды, выявления факторов и причин, обуславливающих рисковые ситуации, а также являющиеся источниками латентных рисков, необходимо осуществлять стратегическое и тактическое управление рисками. Стратегическое управление позволит выявить сильные и слабы стороны организации, возможности и угрозы для управления явными рисками, а также минимизировать и попытаться предотвратить влияние внешних политических, экономических, социальных и технологических факторов, обуславливающих возникновение латентных рисков. В этом случае методология стратегического менеджмента, и SWOT – анализ, в частности, является наиболее эффективным инструментом стратегического управления рисками организации. Поскольку методология SWOT – анализа предполагает непрерывный учёт явных и потенциальных факторов и угроз, а также выбор приоритетных направлений развития организации в конкретных условиях места и времени, то данный инструмент можно отнести к эффективному методу стратегического ситуационного управления не только явными, но и латентными рисками организации.

Пример SWOT-анализа для China Construction Holdings LTD представлен в таблице 8.

**Таблица 8 SWOT-анализ China Construction Holdings LTD**

<table>
<tr><td colspan="2"></td><td colspan="2">Возможности</td><td colspan="4">Угрозы</td></tr>
<tr><td rowspan="5">Сильные Стороны</td><td>Отлаженная сбытовая сеть</td><td>Появление новых поставщиков</td><td>Увеличение доли рынка</td><td>Возрастание рисков из-за нестабильности экономики</td><td>Рост инфляции</td><td>Ужесточение законодательства</td><td>Жесткая конкуренция</td></tr>
<tr><td>Хорошая репутация на рынке</td><td colspan="2" rowspan="3">Увеличение объема работ</td><td colspan="3" rowspan="3">Разработка программы страхования финансовых и производственных рисков</td><td rowspan="3">Дальнейшее повышение качества, исходя из требований потребителей</td></tr>
<tr><td>Высокий контроль качества</td></tr>
<tr><td>Рост оборотных средств</td></tr>
<tr><td>Квалифицированный персонал</td><td>Стратегия развития персонала</td><td>Формирование кадрового резерва</td><td colspan="3">Формирование системы социальной защиты населения</td><td>Повышение квалификации персонала в области маркетинга</td></tr>
<tr><td rowspan="2">Слабые Стороны</td><td>Недостатки в рекламной политике</td><td colspan="6">Совершенствование рекламной политики</td></tr>
<tr><td>Несовершенство информационной системы</td><td colspan="6">Внедрение современных информационных технологий</td></tr>
</table>

При сопоставлении внутренних особенностей деятельности организации (сильные и слабые стороны) с её внешними аспектами (возможности и угрозы) руководство сможет сфокусироваться и найти решение поставленных стратегических задач.

Результаты экспертного анализа соотношения сильных и слабых сторон, возможностей и угроз China Construction Holdings LTD представлены на рисунке 19.

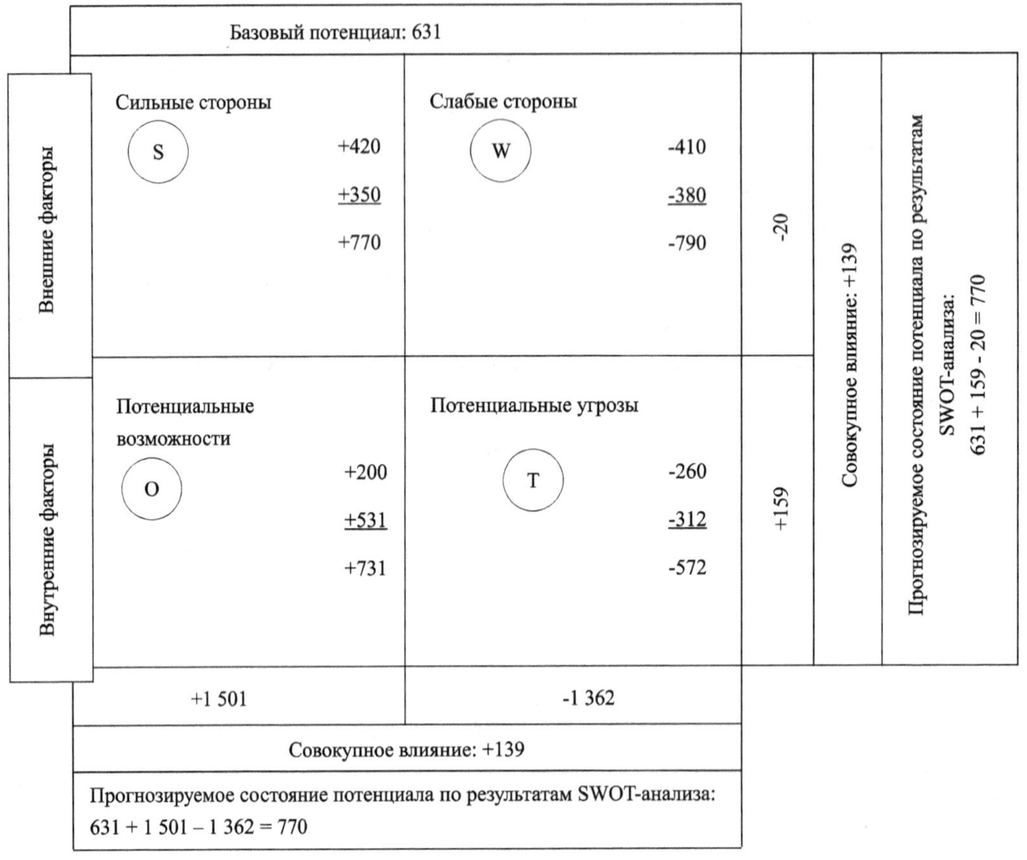


*Источник: составлено автором*

**Рисунок 19 Результаты SWOT-анализа China Construction Holdings LTD (тыс. CNY)**

Полученные результаты свидетельствуют о положительной динамике стратегической программы организации, определения способов достижения прогнозируемой стратегической ориентации, активной реализации имеющихся возможностей и инициатив на основе матрицы решений SWOT. В результате проведенного анализа наблюдается рост маржи безопасности до 83 тыс. CNY., что обусловлено выбором правильной стратегии организации.

Метод SWOT-анализа позволяет организации понять, где и какие возникают проблемы, систематизировать их и на этой основе разработать план конкретных мероприятий по решению проблем. При обсуждении такого плана обсуждаются сферы персональной ответственности и ранжируются мероприятия по степени важности и срокам выполнения.

Ценность SWOT-анализа заключается в том, что он позволяет увидеть наиболее вероятные риски, выявив и структурировав сильные и слабые стороны компании, а также потенциальные возможности и угрозы.

Использование стратегического отчёта позволяет прогнозировать результат проведения тех или иных против рисковых мероприятий и защиты от угроз.

На основании полученных данных можно сделать вывод, что для улучшения эффективности функционирования China Construction Holdings LTD, необходимо максимально использовать возможности, сложившиеся в поле СИВ, поскольку они создают предпосылки для повышения конкурентоспособности фирмы.

Использование стратегического балансового отчёта позволяет прогнозировать результат проведения тех или иных против рисковых мероприятий и защиты от угроз.

По данным SWOT-анализа одной из слабых, т.е. наиболее подверженных риску сторон, является высокий уровень конкуренции, который наряду с угрозой увеличения активности конкурентов может привести к значительным потерям. Прогноз влияния разработанной программы по защите от данной угрозы можно представить с помощью стратегического балансового отчёта[1].

Любая бизнес-система (малое, среднее и крупное предприятие, банк, финансовая компания и т.д.) находится под воздействием латентного риска, против которого постоянно мобилизуются внутренние и внешние ресурсы в виде резервной системы предприятия. Общее состояние резервной системы определяется в стоимостном выражении путем соизмерения чистых активов риска и хеджированных чистых активов.

Общее состояние резервной системы анализируется путем использования механизма SWOT -анализа, основное правило которого сводится к зависимости:

Уровень или сумма приемлемого риска = Сильные стороны резервной системы предприятия — Слабые стороны резервной системы = Приемлемый риск.

Приемлемый риск сравнивается с латентным риском, а также определяются уровень и факторы реальной угрозы, явного риска.

По данным SWOT-анализа осуществляется стратегическое управление резервной системой предприятия, для чего составляется стратегический производный отчёт. Стратегический производный отчёт разрабатывается на базе хеджированного баланса путем постановки на учёт основных факторов внешней среды. Оценка места компании в отрасли необходима для получения предварительной всесторонней оценки стратегического положения предприятия, а также для разработки стратегических действий. Особенность использованного подхода, который обычно называют SWOT-

1 Лю Ч. Механизмы принятия управленческих решений в рисковых ситуациях экономической деятельности предприятия / Лю Ч./ Вестник ИДНК 2015 №4.

анализом (рисунок 20) заключается в том, что акцент делается на рассматриваемом предприятии, а конкурентное окружение и отрасль служат «фоном» исследования.

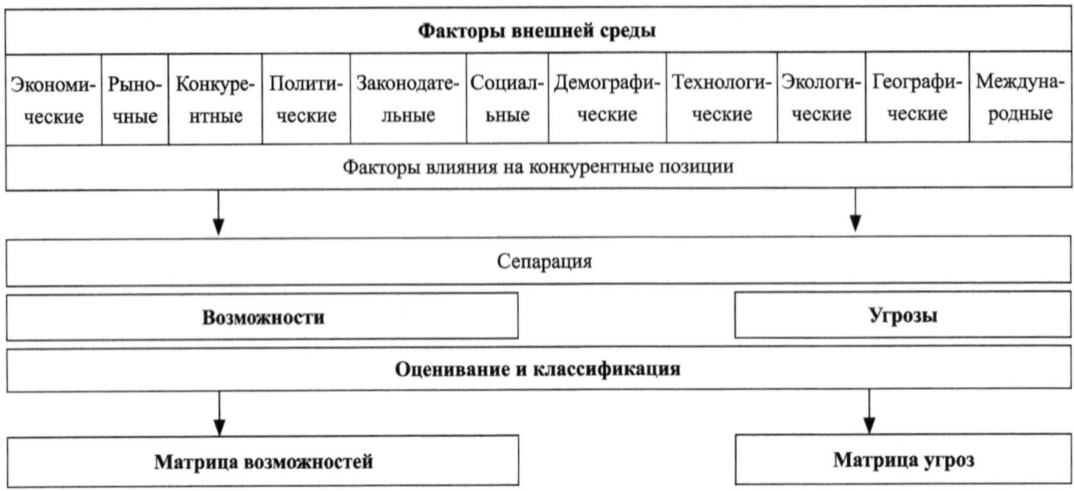


**Рисунок 20　Элементы и последовательность SWOT-анализа**

Таким образом, SWOT-анализ является также инструментом ситуационного тактического управления внутренними латентными рисками организации.

Рассмотрим основные финансовые показатели, которые могут быть использованы в процессе стратегического и тактического ситуационного управления явными и латентными China Construction Holdings LTD (таблица 9)[1].

**Таблица 9　Основные финансовые показатели, которые могут быть использованы в процессе стратегического и тактического ситуационного управления явными и латентными China Construction Holdings LTD**

| Наименование показателя | Способ расчёта |
|---|---|
| Чистая прибыль | ЧП = ВП – ОР |
| Свободный денежный поток | СДП = ЧПН + Ам – Инв |
| Прибыль на инвестированный капитал | ПИК = ЧП/И |
| ЧП | Чистая прибыль |
| ВП | Валовая прибыль |
| ОР | Операционные расходы |
| СДП | Свободный денежный поток |
| ЧПН | Чистая операционная прибыль за вычетом скорректированных налогов |
| Ам | Амортизация за отчётный период |
| Инв | Сумма чистых инвестиций в основные средства |
| ПИК | Прибыль на инвестированный капитал |
| И | Инвестиции |

*Источник: составлено автором*

1　Лю Ч. Общие принципы ситуационного управления рисками / ЛюЧ./ Казанская наука 2014. №11.

На рисунке 21 показаны четыре типа неопределенности, связанные с неопределенностью по целям China Construction Holdings LTD и неопределенностью по причинно-следственным зависимостям между стратегической целью и стратегическими средствами её достижения, которые могут быть представлены следующими производными отчетами:

– стратегический производный отчёт может использоваться в практике рассматриваемого предприятия в достаточно определенной ситуации, когда менеджменту будет понятно, какое должно использоваться стратегическое средство для достижения поставленной перед предприятием цели.
– фрактальный производный отчёт с применением территориальных фракталов с различной степенью аналитичности может быть использован в ситуации высокой неопределенности при достижении определенной цели, поставленной перед предприятием;
– фрактальный производный отчёт с наличием фракталов пространства и времени и различных их комбинаций в соответствующей прогнозной оценке может быть использован в ситуации с высоким уровнем неопределенности как по целям, так и по причинно-следственным зависимостям, и позволит одновременно учитывать действие всех внешних факторов, влияющих на собственность предприятия и определять возможные варианты действий и их последствия.

| | | Неопределенность по целям | |
|---|---|---|---|
| | | Низкая | Высокая |
| Неопределенность по причинно-следственным зависимостям | Низкая | Стратегический производный отчёт | Фрактальный производный отчёт (фракталы времени) |
| | Высокая | Фрактальный производный отчёт (фракталы пространства) | Фрактальный производный отчёт (фракталы пространства и времени) с соответствующим прогнозом |

**Рисунок 21 Использование стратегического и фрактального производных отчетов в условиях неопределенности**

При организации стратегического управления необходимо принимать уровни финансово-хозяйственной деятельности и их элементы как сферу функционирования учётного механизма: управленческий учёт (внутренняя и рабочая среда); стратегический учёт (общая среда, т.е. макросреда).

Исходя из этих позиций, был разработан макет производного отчёта совокупного риска, заполненный по материалам China Construction Holdings LTD (таблица. 10).

Хеджированные проводки позволяют регулировать резервную систему предприятия связи в соответствии с ожидаемыми рисками. Хеджированными

**Таблица 10  Макет производного отчёта совокупного риска в China Construction Holdings LTD (на 01.01.2016 г.), млн CNY.**

| Бухгалтерский баланс | | Хеджированные проводки | | Хеджированный баланс | | Проводки интегрированного риска | | Баланс интегрированного риска | | Гипотетические проводки | | Производный балансовый отчёт интегрированного риска | | Управление риском |
|---|---|---|---|---|---|---|---|---|---|---|---|---|---|---|
| Разделы | Сумма | Дебет | Кредит | Разделы | Сумма | Дебет | Кредит | Разделы | Сумма | Дебет | Кредит | Разделы | Сумма | |
| 1 | 2 | 3 | 4 | 5 | 6 | 7 | 8 | 9 | 10 | 11 | 12 | 13 | 14 | 15 |
| I. Внеоборотные активы | 354 980 | 3) 80 | | | 355 060 | | 7) 200 | | 354 780 | | 10) 56 987 | | | Управление рисками – это работа по определению и регулированию опасностей, потенциально угрожающих стабильности или прибыльности участников резервной системы на базе применения механизма производных балансовых отчётов |
| II. Оборотные активы | 100 667 | 1) 150<br>4) 20 | | | 100 837 | 6) 400 | 7) 120 | | 100 947 | 10) 77 000 | 10) 20 206<br>11) 55 500 | | 21 500 | |
| III. Капитал и резервы | 168 000 | | 1) 150<br>2) 240<br>3) 80<br>4) 20<br>5) 45 | | 168 535 | 7) 320<br>8) 140<br>9) 90 | 6) 400 | | 167 850 | 10) 193<br>11) 75 | | | 21 500 | |
| IV. Долгосрочные обязательства | 179 903 | 2) 100<br>5) 45 | | | 107 599 | | 8) 140 | | 180 043 | 11) 180 043 | | | | |
| V. Краткосрочные обязательства | 107 744 | 2) 140 | | | 107 604 | | 9) 90 | | 107 834 | 11) 107 834 | | | | |
| Баланс | 455 647 | 535 | 535 | | 455 647 | | | | 455 727 | 511 227 | 511 227 | | 21 500 | |
| Чистые активы | 168 000 | | | | 168 535 | | | | 167 850 | | | | | |
| Состояние резервной системы | | | | | 168 535 | | | | +385 | | | | +217 | |
| Интегрированный риск | | | | | | | | | -150 | | | | | |
| Нормативная полоса (6-2)>(10-2) | | | | | +535 | | | | +535 | | | | -168 | |

*Источник: составлено автором*

проводками отражается регулирование резервной системы China Construction Holdings LTD, исходя из укрупнённых агрегатов резервной системы.

1. Отражается регулирование счётов резервов в размере 150 млн. CNY.

Дебет раздел II баланса - 150 млн. CNY.

Кредит раздел III баланса - 150 млн. CNY.

2. Результаты управления активами и обязательствами приводят к пассивной иммунизации в размере 240 млн. CNY.

Дебет раздел IV баланса - 100 млн. CNY.

Дебет раздел V баланса - 140 млн. CNY.

Кредит раздел III баланса - 240 млн. CNY.

3. Результаты хеджирования дали положительный результат в размере 80 млн. CNY.

Дебет раздел I баланса - 80 млн. CNY.

Кредит раздел III баланса - 80 млн. CNY.

4. Отражаются операции страхования 20 млн. CNY.

Дебет раздел IV баланса - 20 млн. CNY.

Кредит раздел III баланса - 20 млн. CNY.

5. Использование инструментов финансовой инженерии с положительным результатом 45 млн CNY.

Дебет раздел IV баланса 45 млн. CNY.

Кредит раздел III баланса 45 млн. CNY.

На практике страховая стоимость имущества часто составляет 30%—60% от рыночной. Это приводит к тому, что механизм страхования как резервный практически не действует.

Необходимо идентифицировать объекты управления риском и используемые принципы менеджмента: резервная система предприятия, латентный риск, платежеспособность, финансовое положение, капитал и др.

Долгие годы объектом управленческого учёта определялись затраты, затраты-доходы, методы управления финансовыми результатами. В современных условиях понятие управленческого учёта резко расширилось[1].

Необходимо определять общее состояние бизнес-системы предприятия в условиях воздействия риска: SWOT-анализ зоны риска, стратегическое и тактическое управление явными и латентными рисками.

Совокупный риск (явный и латентный) необходимо соизмерять с уровнем резервной защиты (рисунок 22).

---

1 Баутин В.М. Устойчивое развитие предприятий на основе рационального использования ресурсов: монография / Баутин В.М., Серебрякова Н.А., Сидоров В.М. – Воронеж: ГОУВПО “Воронежская гос. технологическая акад.”, 2011. – 120 с.

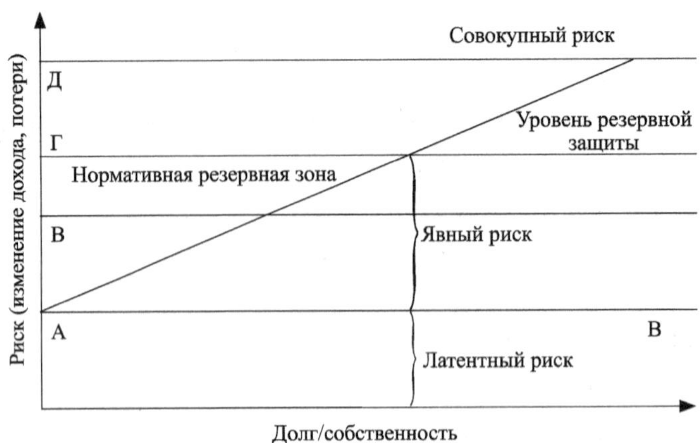


**Рисунок 22　Соотношение совокупного риска и финансового «рычага»**

Тактическое управление явными и латентными рисками предполагает необходимость построения определенной модели.

Исходя из этих положений, разработана модель тактического управления рисковыми ситуациями с учётом явного и латентного рисков (рисунок 23).

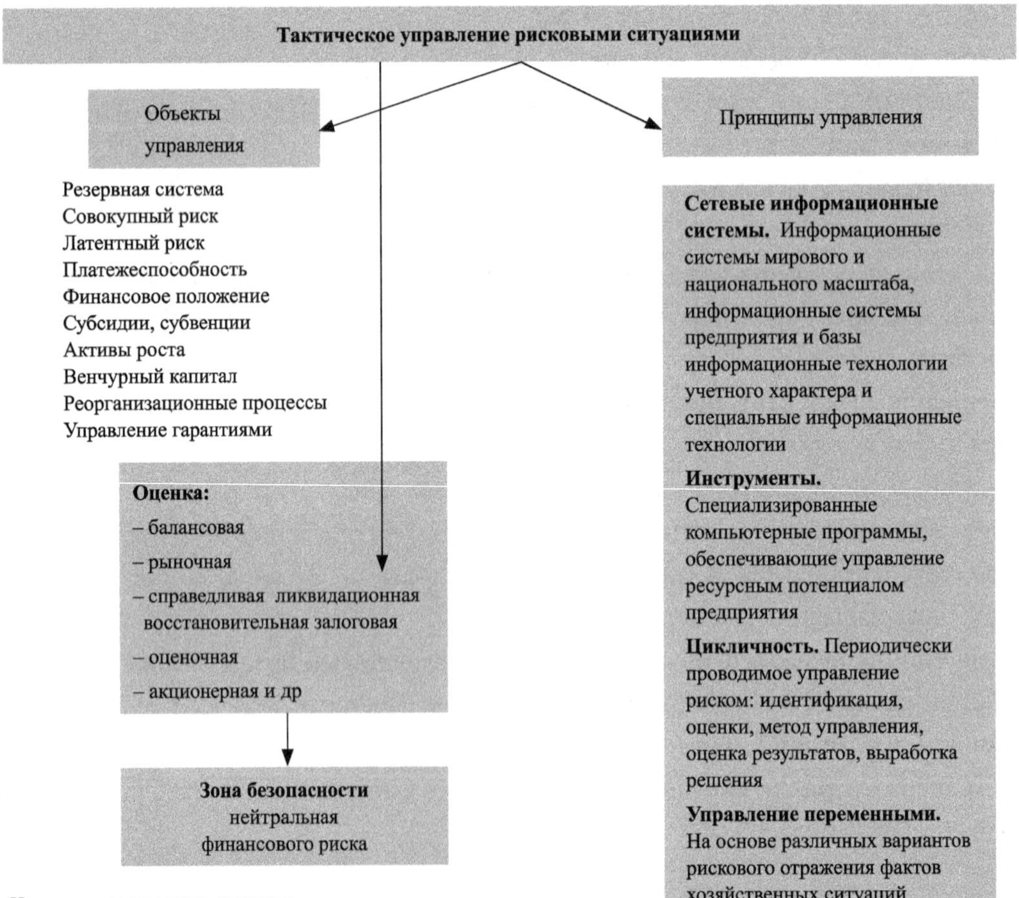

**Тактическое управление рисковыми ситуациями**

Объекты управления

Резервная система
Совокупный риск
Латентный риск
Платежеспособность
Финансовое положение
Субсидии, субвенции
Активы роста
Венчурный капитал
Реорганизационные процессы
Управление гарантиями

**Оценка:**
– балансовая
– рыночная
– справедливая ликвидационная восстановительная залоговая
– оценочная
– акционерная и др

**Зона безопасности** нейтральная финансового риска

Принципы управления

**Сетевые информационные системы.** Информационные системы мирового и национального масштаба, информационные системы предприятия и базы информационные технологии учетного характера и специальные информационные технологии

**Инструменты.** Специализированные компьютерные программы, обеспечивающие управление ресурсным потенциалом предприятия

**Цикличность.** Периодически проводимое управление риском: идентификация, оценки, метод управления, оценка результатов, выработка решения

**Управление переменными.** На основе различных вариантов рискового отражения фактов хозяйственных ситуаций

*Источник: составлено автором*

**Рисунок 23　Модель тактического управления рисковыми ситуациями с учётом явного и латентного рисков**

Модель ориентирует пользователей на следующие объекты управления:

1. Резервная система.
2. Совокупный риск (явный + латентный).
3. Ситуационное управление латентным риском.
4. Управление платежеспособностью.
5. Мониторинг финансового положения.
6. Управление дотациями.
7. Управление активами роста.
8. Управление венчурным капиталом.
9. Управление реорганизационными процессами.
10. Управление гарантиями.

Модель управления риском, идентифицирует 3 укрупненных группы латентного внутреннего риска (операционный, кредитный, рыночный) на базе использования производного отчёта совокупного риска, который позволяет провести анализ резервной системы предприятия (рисунок 24)[1].

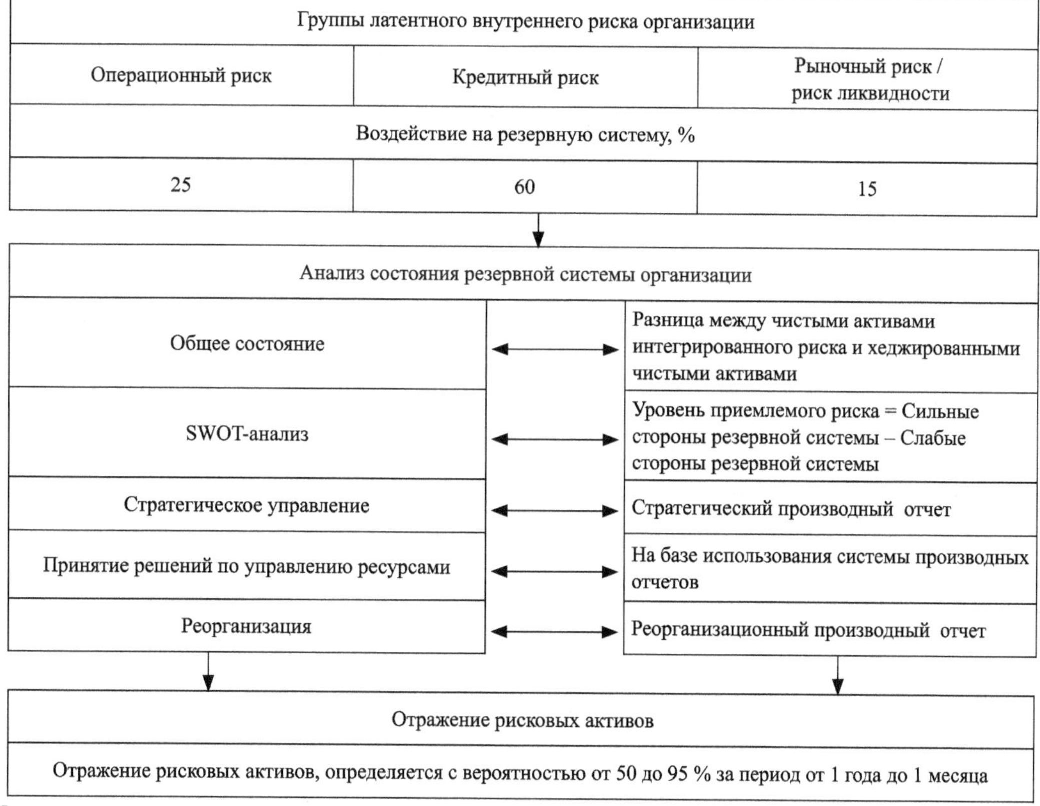


*Источник: составлено автором*

**Рисунок 24 Модель управления внутренними латентными рисками организации**

---

1 Лю Ч. Стратегическое управление затратами организаций дорожного строительства Китая: Монография / Крохичева Г.Е., Лю С. Ростов н/Д: РГСУ, 2014.

Модель представлена:
– сетевыми информационными системами;
– производными инструментами;
– цикличностью проводимых улучшений;
– управлением переменами.

Сетевые информационные системы идентифицированы 3 группами:
– Сетевыми информационными системами (виртуальными информационными, мирового и национального масштаба, едином виртуальном информационным пространством на микро- мезо- и макроуровнях);
– информационными системами предприятия, магистрали и базы (экспертными информационными системами, информационными системами обработками и передачи информационных потоков, объективно ориентированного подхода, информационных магистралей, информационных баз;
– специальными информационными технологиями (комплексные, стратегического управления и др.).

Мы рекомендуем на предприятиях Китая проводить управление риском с периодичностью 1 раз в 2–3 недели с определением вероятности риска. Используя специальные компьютерные программы на японских предприятиях этот процесс хорошо организован с вероятностью рисков в 95 %.

Управление переменами обеспечивается использованием программ: резервной системы, совокупного риска, латентного риска, платежеспособности, финансового положения и др.

Стоимость организации может быть выражена в системе оценок, используемых для принятия решения: экономической; бухгалтерской; рыночной; справедливой; ликвидационной; дезинтегрированной; восстановительной; залоговой; вмененной; оценочной; акционерной стоимости и др.[1]

Алгоритм принятия управленческих решений в рисковых ситуациях экономической деятельности организации представлена на рисунке 25.

Принятие управленческих решений в рисковых ситуациях экономической деятельности организации позволят определять общее состояние бизнес-системы, организовать контроль и анализ рисковых ситуаций, определять, измерять и анализировать факторы и причины латентного риска, определять приоритетные стратегические направления развития организации.

При этом необходимо грамотно идентифицировать и оценить явные и латентные риски организации. Наибольшую сложность представляет процедура оценки латентных рисков, а также выбор методов оценки.

---

1 Емельянов С.Г. Методические подходы принятия решений в условиях риска и неопределенности инновационного маркетинга / Емельянов С.Г., Борисоглебская Л.Н., Серегин С.С. // Известия Юго-Западного государственного университета. 2010. № 2 (31). С. 83-87.

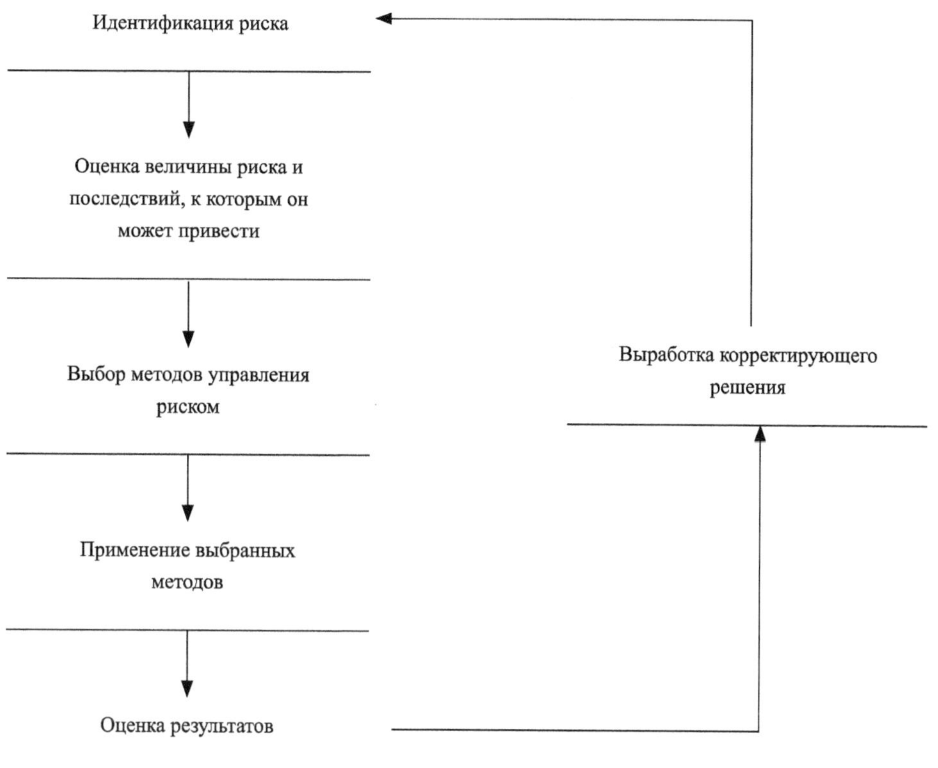


**Рисунок 25 Алгоритм принятия управленческих решений в рисковых ситуациях экономической деятельности организации**

## 2.2 Методы анализа латентных переменных, характеризующих латентные риски организации

Начало научного подхода к связыванию наблюдений с латентными характеристиками лежит в области изучения интеллектуальных способностей. Ф. Гальтон выдвигает предположение об относительной роли наследственности и среды: латентная переменная Т (наследственность) определяет значения наблюдаемых переменных Х (показателей интеллекта) с поправкой на действие случайных влияний среды е. Формальное описание гальтоновской модели измерения латентных переменных становится основным уравнением классической теории тестов: $X=T+e$.

Содержательные предположения о наследственной основе как о причине наблюдаемых связей позволяют связать с именем Ф. Гальтона и происхождение идеи локальной независимости, лежащей в основе, пожалуй, самого влиятельного формального определения латентных переменных. Идеи Ф. Гальтона, обладая самостоятельной ценностью, подготовили почву для появления новой модели, связывающей латентные переменные с их индикаторами, – модели факторного анализа[1].

Появление первой версии факторного анализа в работах Ч. Спирмена тесно связано со стремлением автора решить содержательные проблемы – выявить психологические латентные сущности, обладающие более высокой степенью общности, чем так называемые «умственные тесты» и, тем самым, восполнить недостающее звено в теоретическом обосновании исследований. Ч. Спирмен, очевидно продолжая логику Ф. Гальтона, полагает, что любые две способности, в некоторой степени связаны друг с другом, в той же степени могут рассматриваться как определяемые общим (general) фактором. Общий интеллектуальный фактор g представляет собой некоторую причинную латентную сущность, объясняющую наличие корреляций между тестами интеллектуальных способностей. Практическое отсутствие строгого соответствия между результатами «умственных тестов» связывается с вмешательством специфичных для каждого теста факторов s, варьирующих от одной способности к другой. Так появляется «двухфакторная теория интеллекта» и тесно связанное с ней основное предположение первой версии факторного анализа: балл по любому «умственному тесту» определяется двумя факторами – общим g и специфичным s[2].

Представление Ч. Спирмена о природе латентной переменной и отношениях её индикаторов получили формальное и содержательное развитие в связи с более поздними моделями латентных переменных. Ч. Спирмен был первым, кто осуществил попытку соединения теоретического знания с возможностями измерения и корреляционных методов. Его факторные идеи более чем на двадцатилетие определили направление исследований в области моделей с латентными переменными и предопределили появление новой версии факторного анализа, связанной с именем Л.Л. Терстоуна.

Для исследования латентных переменных используются латентные модели или латентный структурный анализ (ЛСА). Это достаточно широкий класс моделей, которые нашли своё применение в различных областях, в том числе, при решении задач сегментирования. Анализ латентной структуры (от лат. Latentis - скрытый, невидимый) – это статистический анализ эмпирических данных, позволяющий по ответу респондентов на некоторое множество вопросов выявить их распределение по некоторому скрытому (латентному) признаку. Этот признак нельзя измерить непосредственно, но использованное множество вопросов позволяет зафиксировать различные его проявления. Метод предложен известным американским социологом

1 Крупенкова, Н. В. Влияние моделей измерения латентных переменных на развитие концептуальных представлений о социальной установке / Н.В. Крупенкова / Автореферат диссертации соискание ученой степени кандидата социологических наук, Москва, 2013. – 24 с.

2 Хакен, Г. Синергетика: иерархия неустойчивостей в самоорганизующихся системах и устройствах / Г. Хакен; пер. с англ. Ю.А. Данилова; под общ. ред. Ю.Л. Климонтовича. М.: «МИР», 1985. – 424 с.

Полом Лазарсфельдом. Суть модели, предложенной Лазарсфельдом, сводилась к следующему. Предполагается, что существует некоторая латентная переменная, которая объясняет внешнее поведение респондентов. Это поведение можно объяснить, анализируя ответы каждого человека на определенные дихотомические вопросы анкеты. Латентная переменная номинальна, число её значений заранее известно исследователю. Объясняющая способность латентной переменной обусловливается тем, что именно она служит причиной наличия связи между наблюдаемыми переменными[1]. В основе классического латентного структурного анализа, лежит фундаментальная аксиома Лазарсфельда локальной независимости: при фиксации значения латентной переменной связи между наблюдаемыми переменными исчезают.

Подсововокупности респондентов с одинаковыми значениями латентной переменной образуют латентные классы. Различают несколько типов латентных моделей: модели для непрерывной латентной переменной; модели для дискретной латентной переменной; модели для дихотомических признаков.

Лазарсфельд считал, что статистический анализ дискретных категориальных переменных игнорируется исследователями, занимающимися статистическим анализом[2]. ЛСА не накладывает ограничения на уровень измерения наблюдаемых признаков – изначально предназначен для работы с «качественными» переменными.

Основное расчётное уравнение ЛСА имеет вид:

$$p_i=\int_{-\infty}^{+\infty} f_i(x)\varphi(x)\mathrm{d}x \quad (1)$$

где $p_i$ – число респондентов, позитивно ответивших на $i$-й пункт теста или вопросника; $x$ – исследуемая латентная черта; $f_i(x)$ – функция, описывающая график (характеристическую кривую) $i$-того пункта, т.е. вероятность позитивного ответа респондента на $i$-й пункт; $\varphi(x)$ – функция, описывающая распределение респондентов на латентном континууме. Для совокупности пунктов составляется система расчётных уравнений.

ЛСА основывается на нескольких предположениях:

(1) Предполагается существование латентного континуума;

(2) Вводится некоторое число дихотомических эмпирических вопросов. Каждый вопрос i имеет вероятность $p_i^x$ получения «положительного» ответа на него в любой точке континуума;

(3) принцип локальной независимости предполагает, что в фиксированной точке $x$ локального континуума вероятности совместного наступления событий равны

1 Мартышенко С.Н., Мартышенко Н.С. А Современные методы обработки маркетинговой информации: монография. - Владивосток: Изд-во ВГУЭС, 2014. – 64 с.

2 Henry N., «Latent Structure Analysis at Fifty».

произведениям вероятностей отдельных событий[1].

Аксиома локальной независимости была описана выше. Для ЛСА она имеет ключевое значение. Локальная независимость указывает на принадлежность респондентом к одному латентному классу. Кроме того, позволяет оценить «качество» вопросника. В идеале, взаимосвязи между наблюдаемыми переменными должны полностью объясняться латентным пространством, к которому они принадлежат. Если при фиксации латентных факторов статистические взаимосвязи между переменными остаются, полученная модель не является корректной. Стоит либо постараться подобрать другую модель, либо, если это не возможно или модель основывается на мощных теоретических предпосылках, переработать вопросник.

Решение основного уравнения ЛСА основывается на двух предположениях – аксиоме локальной независимости и предположении о связи латентного фактора с наблюдаемыми данными. Лазарсфельд предлагает следующую процедуру определения латентного пространства: ① получение наблюдаемых данных – реакции респондентов по определенным пунктам. ② Делаем предположение о том, какая модель адекватна имеющимся данным. ③ Определяем латентные параметры модели. ④ Формируем «реакции», которые возникли в случае полной адекватности модели. ⑤ Сравниваем реальные и гипотетические реакции – делаем вывод о качестве модели. ⑥ если модель оправдана – задача решена. Если нет, то ⑦ пытаемся выбрать иную модель или перерабатываем теорию, «индикаторы», выбранные для эмпирической работы[2].

К настоящему времени подход Лазарсфельда расширился и углубился. В его рамках существуют несколько десятков алгоритмов, позволяющих разными способами решать широкий круг задач, в том числе и основную – поиск латентных переменных на основе анализа категориальных данных. Одним из таких подходов является D-факторный анализ, представленный в статистическом пакете Latent Gold. Дискретный факторный анализ (discrete factor analysis, D-FA) является объектом изучения настоящего исследования. Дальнейшее описание модели ЛСА будет происходить с использованием конкретно D-FA.

Стоит отметить, что, в отличие от CATPCA ЛСА и конкретно D-FA кардинально отличаются от классического ФА. Лазарсфельд в своём описании ЛСА неоднократно использует термин «дискретный». Дискретная величина – величина, заданная или полученная в виде непрерывных значений; противоположность непрерывной величины. В контексте ЛСА, дискретные переменные – переменные, измеренные на категориальном, и номинальном уровнях. Непрерывные величины – интервальные и абсолютные данные. Помимо того, что ЛСА работает с дискретными наблюдаемыми

1 Лазарсфельд П., «Математические методы в социальных науках», с. 42-54, Москва 1973.

2 Там же, с. 46.

данными, в методе постулируется существование *n* дискретных факторов с заданным числом *k* категорий[1]. Иными словами, фактор, латентная переменная не обязательно будет метрической (каковой является в CATPCA и PCA), она может быть категориальной.

Для понимания метода D-FA необходимо прояснить вопрос о том, как именно образуются факторы и что такое категории дискретного фактора.

D-FA образует факторы в соответствии с распределением значений переменных. Предположим, имеются 2 порядковые переменные с 5 градациями. Распределение ответов респондентов на вопросы имеет вид, близкий к нормальному (рисунок 26).

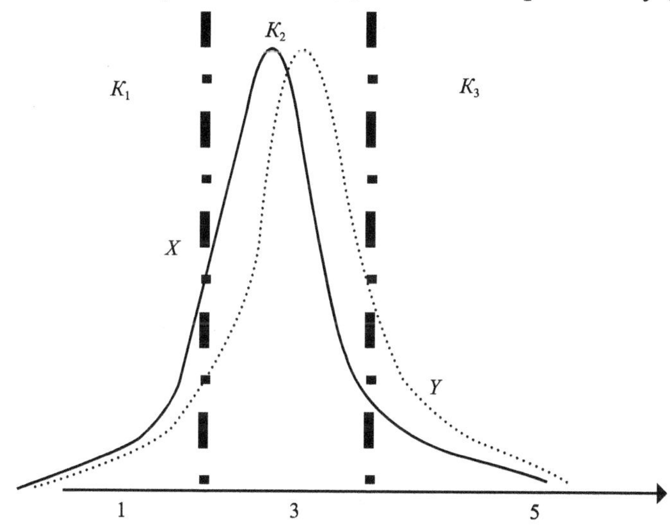


**Рисунок 26 кривые *X*, *Y*– гипотетическое распределение ответов респондентов на вопросы *X*, *Y*, соответственно. «1», «3», «5» – выборочные градации переменной *X*, *Y*. $K_1$ – $K_3$ – категории гипотетического фактора *Z***

Алгоритм D-FA, скорее всего, объединит данные переменные в один фактор (*Z*), поскольку распределение ответов респондентов на эти вопросы очень похожи. Тем не менее, ответы не однородны, поэтому выделится несколько категорий – наиболее однородных участков распределения (отмечены пунктиром).

Проведение D-FA не требует следующих теоретических предположений:

(1) линейная зависимость наблюдаемых переменных;

(2) нормальное распределение;

(3) гомогенность данных.

Отсутствие требований к выполнению данных пунктов, во-первых, значительно расширяет диапазон данных, подходящих для применения к ним D-FA и, во-вторых,

1 Magidson J., Vermunt J. K., «A Nontechnical Introduction to Latent Class Models».

делает данный анализ менее «субъективным»[1].

D-FA имеет ряд преимуществ по сравнению с традиционным ФА. Часто для того, чтобы интерпретировать факторы, полученные посредством ФА, необходимо применить к ним процедуру вращения (о вращении см., например, Харман). D-FA не требует вращения. Кроме того, D-FA может одновременно анализировать переменные, измеренные на разных уровнях[2].

Факторы, получаемые посредством D-FA могут быть связаны или несвязанны между собой (ортогональны/неортогональны).

Для проведения D-FA требуется значительно меньше наблюдаемых переменных, чем для проведения классического ФА. Так, необходимо минимум 3 наблюдаемых метрических переменных для проведения ФА. На основе трех переменных выделится 1 фактор[3]. D-FA, на основе двух метрических переменных, может образовать два и более фактора. Кроме того, данный алгоритм позволяет рассматривать модели с коррелирующими остатками. Следовательно, дополнительные факторы, объясняющие корреляцию остатков, могут быть выделены.

Внутри алгоритма D-FA существует несколько опций, о которых стоит упомянуть:

1. Предусмотрена возможность устанавливать равенство-неравенство эффектов внутри одного фактора. Проще говоря, можно указать, имеет каждая переменная одинаковое влияние на фактор или нет.

2. Возможность включения/исключения непрямых эффектов. Например, можно выставить опцию, чтобы алгоритм рассматривал влияние переменной $z_1$ на фактор $X_1$ опосредованно через переменную $z_2$.

3. Возможность включения/исключения зависимости между факторами. Иными словами, как и в классическом ФА, в D-FA можно определить, коррелируют или не коррелируют факторы между собой. Ключевое отличие состоит в том, что D-FA допускает возможность корреляции одних факторов и независимости (ортогональности) других внутри одной модели[4].

Однако, у данного метода есть и несколько недостатков. D-FA не предлагает «оптимальное» число факторов с $k$ градациями. Для того чтобы получить наилучшую модель, к одним и тем же данным необходимо применить процедуру D-FA, изменяя количество факторов и категорий, а затем сравнить полученные модели. В методе предусмотрен алгоритм сравнения разных моделей. Он заключается в следующем:

---

1 Серегин С.С. Оценка рисков и эффективности маркетинга предприятия на основе нечеткой логики принятия решений: учебное пособие / Серегин С.С., Емельянов С.Г., Вертакова Ю.В., Кореневский Н.А. Курск, Юго-Западный государственный университет, 2010. – 56 с.

2 Там же.

3 Шуметов В. Г. Шуметова Л. В. «Факторный анализ: подход с применением ЭВМ», ОрулГТУ, орел, 1999г,

4 Vermunt J.K. and Magidson J. Technical Guide for Latent GOLD 4.0.

рандомно генерируется *n* выборок (число выборок по умолчанию – 500), на которых проверяется устойчивость модели. Затем сравнивается «устойчивость» разных моделей – делается выбор в пользу наиболее устойчивой.

Сущность метода латентной переменной заключается в том, что первичной моделью в IRT (Item Response Theory) стала модель латентной дистанции, предложенная Г. Рашем[1].

Модель Раша носит название «1 Parametric Logistic Latent Trait Model» (1PL). Поскольку модель Раша описывает вероятность успеха испытуемого объекта как функцию одного параметра, то иногда её называют однопараметрической моделью IRT.

Метод IRT устанавливает связь между двумя множествами значений латентных переменных. Первое множество составляют значения латентного параметра, определяющего уровень качества объектов. Второе множество- значения латентного параметра, характеризующего вес (значимость) индикаторов. Георг Раш предположил, что уровень качества объектов и уровень «трудности» («значимости») индикаторов размещены на одной шкале и измеряются в одних и тех же единицах - логитах. Аргументом функции «успеха»- достижение данного уровня качества объекта является разность уровня качества объектов и уровня веса индикаторов[2].

Если эта разность положительна и велика, то соответственно велика и вероятность достижения «успеха» (высокого значения латентного показателя). Если эта разность отрицательна и велика по модулю. То вероятность достижения «успеха» определенного объекта для выбранного индикатора будет низко. В это принципиальное различие подходов Гуттмана и Раша. По Гуттману в первом случае вероятность успеха равна 1. Во втором-0. В отличие от Гуттмана Раш оперирует вероятностями, а не детерминированными константами[3].

Общие преимущества метода IRT перед другими методами, основанными на применении весовых коэффициентов индикаторов:

- IRT превращает измерения выполненные в порядковых шкалах в линейные измерения, в результате качественные данные могут анализироваться количественными методами;
- мера измерений параметров модели является линейной, что позволяет использовать широкий спектр статистических процедур для анализа результатов

---

1 Плотников В.А. Управление рыночными рисками деятельности предприятий на основе использования методов нечеткой логики / Плотников В.А., Серегин С.С. // Экономика и управление. 2011. № 3 (65). С. 79-82.

2 Свиридова С.В. Методика производственно-экономической оценки стратегии инновационного развития предприятий с использованием параметрической модели Раша / Свиридова С.В. // Экономические и гуманитарные науки. 2016. № 3 (290). С. 20-28.

3 Емельянов С.Г. Структурно-функциональная организация подсистемы распознавания и оценки сложноструктурированных рисков / Емельянов С.Г., Прядко Т.В. // Известия Тульского государственного университета. Серия: Бизнес-процессы и бизнес-системы. 2006.№ 4. С. 10-14.

измерений, для решения задач мониторинга и сравнения объектов исследования.

– оценка веса индикаторов не зависит от исследуемого объекта;

– оценка свойств объекта (интегральный показатель) не зависит от используемого набора индикаторов;

– неполнота данных не является критичным.

В настоящее время данная методика широко применяется во всем мире в различных социально-экономических областях: образовании, социологии, экономике.

Преимущества метода латентной переменной при исследовании риска: возможность измерения латентной переменной, самостоятельное формирование комплекса показателей; расчёт интегрального показателя; возможность дифференциации исследуемых объектов; возможность проведения адекватного исследования при наличии ограниченной информации, переход от индикаторных переменных к латентным.

Данный метод предполагает учёт прямых и косвенных факторов, являющихся источниками латентных рисков организации.

Субъекты риск-менеджмента должны действовать с учётом рационального принятия решений. Понятия неопределенности и риска различаются между собой. В соответствии с этим, при принятии решений выделяются три типа моделей:

1. Принятие решений в условиях определенности - лицо, принимающее решение точно знает последствия и исходы любой альтернативы или выбора решения. Эта модель нереалистична в случае принятия решения о долгосрочном вложении капитала.

2. Принятие решений в условиях риска – субъект регионального управления знает вероятности наступления исходов или последствий для каждого решения.

3. Принятие решения в условиях неопределенности –когда не известны вероятности наступления исходов для каждого решения.

При отсутствии дополнительной информации принимаемые решения теоретически недостаточно обоснованы и в значительной мере субъективны. Хотя применение математических методов  в играх с природой не даст абсолютно достоверного результата и последний в определенной степени является субъективным (вследствие произвольности выбора критерия принятия  решения), оно тем не менее создает некоторое упорядочение имеющихся в распоряжении субъекта регионального управления данных: задаются множество состояний внешней среды, альтернативные решения, выигрыши и потери при различных сочетаниях состояния «среда - решение». Такое упорядочение представлений о проблеме само по себе способствует повышению качества принимаемых решений[1].

Одним из эффективных методов визуализации выявленных и проанализированных

1 Ригби, Д. Рейтинг инструментов менеджмента / Д. Ригби // Деловое совершенство. – 2006. - №11. – С. 20-21.

латентных рисков является карта латентных рисков, составленная по аналогии с картой рисков.

Карта риска – графическое и текстовое описание ограниченного числа рисков организации, расположенных в прямоугольной таблице, по одной «оси» которой указана сила воздействия или значимость риска, а по другой вероятность или частота его возникновения.

Работа начинается с проведения SWOT-анализа и описания угроз. Далее необходимо проводить анализ документации: нормативной, финансовой, управленческой, маркетинговой, договорной. Исследуются действующие политики, регламенты, результаты сессионной стратегической деятельности. В ходе исследований и коллегиальной работы формируется состав внешних и внутренних факторов, способных оказать влияние на уровень рисков[1].

В результате выявленные угрозы подлежат сведению в единую таблицу, представляющую собой систему факторов риска с их перечнем, иногда именуемым профилем факторов риска. Помимо сводной таблицы целесообразно также разработать классификационную схему факторов с выделенными взаимосвязями между ними. Более конкретной формой выявления факторов служит их идентификация. Идентификация рисков предполагает выявление самых значимых качественных и количественных их характеристик, в состав которых входят: вероятность проявления; размер потенциального ущерба; место возникновения; уровень взаимосвязей между факторами и т.п.

Иными словами, риск необходимо сопоставить с указанными параметрами. В момент, когда мы начинаем осмыслять размер ущерба, возникает переход на второй этап технологии управления – стадию оценки. Измерение риска в рамках идентификации факторов и первичной оценки инструментально производится сначала качественно, а затем количественно.

На этой основе можно осуществить построение карты с осями абсцисс, по которой выстроена шкала опасности, и ординат, с размещением на ней шкалы вероятности риска. Факторы находят отражение на созданном поле и получают на нем визуальное позиционирование[2].

Каждая организация сама устанавливает понятие опасности и единицы её измерения. Для руководителей одной компании под ней понимается упущенная прибыль, для других – доход. Для примера можно предположить, что опасность в пределах потери прибыли до 33% является неопасной, в диапазоне от 33% до 67% опасность допустима, а свыше 67% уже неприемлема. Некоторые авторы полагают,

1 Хант Б. Событие момента: настойчивый подъем риск- менеджмента //Дж. Пикфорд. Управление рисками: Пер. с англ. О.Н. Матвеевой .- М:ООО «Вершина», 2004 – 352 с.

2 Ситникова Н. Ю., Хоминич И. П. Революция в риск-менеджменте // Банковские технологии. 2000. №12.

что опасным может быть фактор, если он может привести к потерям прибыли полностью (100%). Диапазон вероятности от 0 до 1 делится на три или более группы, предположим:

от 0 до 0,2—маловероятно;

от 0,21 до 0,65 — вероятно;

свыше 0,65 — весьма вероятно[1].

Табличная карта риска на рисунке 27.

Матричная форма карты риска на рисунке 28.

| № п/п | Описание риска | Вероятность возникновения риска | | | Степень опасности потерь | | |
|---|---|---|---|---|---|---|---|
| | | Маловсроятно | Вероятно | Весьма вероятно | Нсопасный | Допустимый | Опасный |
| Внешние (систематическне) факторы риска | | | | | | | |
| 1 | Падеиие тсмпов ВВП | | | + | | + | |
| 2 | Кодебания валютных курсов (рубль/доллар) | | | + | + | | |
| 3 | Повышеиие процеитных ставок | | + | | | | |
| 4 | Рост цен на сырье и материалы | | + | | | + | |
| 5 | Падение потребительского спроса | | | + | | + | |
| Внутренние (несистематнческие) факторы риска | | | | | | | |
| 1 | Рост запасов | + | | | + | | |
| 2 | Увеличеиие потерь, подомок и простоев | | + | | | + | |
| 3 | Снижение качества продукции | + | | | | | + |
| 4 | Рост себестоимость производства продукции | | | + | | | + |
| 5 | Увеличеиие коммерческих и управлеических расходов | | + | | | + | |
| 6 | Текучесть персоиала | + | | | + | | |

**Рисунок 27　Табличная карта риска**

1　Фляйшер, К. Стратегический и конкурентный анализ. Методы и средства конкурентного анализа в бизнесе / К. Фляйшер. – М.: БИНОМ : Лаборатория знаний, 2005. – 541 с.

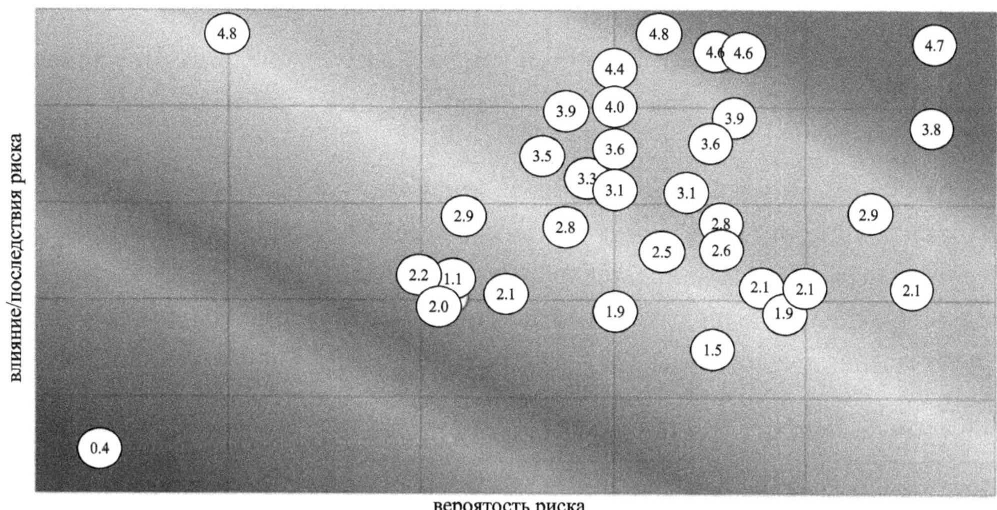


**Рисунок 28 Матричная форма карты риска**

Представленный выше пример разбиения диапазонов не является догмой, в каждом конкретном случае подход индивидуален. Далее эксперты, взяв данные заполненной таблицы факторов риска, переносят каждый фактор на карту риска с учётом вероятности и опасности. В зависимости от сектора матрицы, в который попадают факторы, можно увидеть на карте, к какой зоне риска они принадлежат.

Построение или коррекцию карты рекомендуется делать один раз в квартал. Каждый раз после такой работы следует проводить анализ. Он позволяет отсечь группу рисков, являющихся опасными (выше проведенной красной линии на карте). Кроме того, очевидными становятся неопасные риски, попавшие в квадранты ниже синей прочерченной линии[1].

Для визуализации и оценки величины латентного риска мы предлагаем карту риска, построенную в полярных координатах Оси, на которые наносятся значения критериев, направлены по радиусам от центра окружности к периферии. Число осей соответствует числу выбранных критериев, определяющих латентные риски организации.

На оси наносятся оценочные шкалы для каждого критерия. Предварительно определяют, где должны находиться наилучшие значения - ближе к центру или дальше от него. Это условие должно быть одинаковым для всех критериев. При этом не имеет значения, как проградуированы шкалы — в относительных единицах, условных обозначениях или только словесно. Главное, чтобы было видно постепенное изменение критериев, отражающее тенденцию к улучшению или ухудшению при движении по оси. Максимальные и минимальные оценочные значения должны быть реальными.

1 Теория и практика принятия и реализации управленческих решений в предпринимательстве / А.Н. Асаул, [и др.]. – СПб.: АНО «ИПЭВ», 2014. – 304 с.

На диаграмме отмечают оценки латентного риска по каждому критерию. Полученные точки соединяют замкнутой ломаной линией - полигоном. На полярной диаграмме образуются в общем случае неправильные $n$-угольники, где $n$ – число критериев.

При оценке риска для получения и обработки количественными методами качественной информации могут использоваться вербально-числовые шкалы, в состав которых входят содержательно описываемые наименования её градаций и соответствующие им количественные значения или числовые интервалы. Широкое распространение получила вербально-числовая шкала Харрингтона (таблица 11)[1].

**Таблица 11 Вербально-числовая шкала Харрингтона для оценки латентного риска**

| № | Наименование градации | Числовые интервалы | Количественное значение |
|---|---|---|---|
| 1 | Очень низкая | 0~0,2 | 0,10 |
| 2 | Низкая | 0,2~0,37 | 0,285 |
| 3 | Средняя | 0,37~0,63 | 0,50 |
| 4 | Высокая | 0,63~0,8 | 0,715 |
| 5 | Очень высокая | 0,8~1 | 0,90 |

По нашему мнению, при оценке латентных рисков следует учитывать, что данный риск является неявным, скрытым, и мы можем предположить лишь степень его воздействия, некоторую вероятность, оцениваемую экспертами. Следует понимать, что степень воздействия латентного риска не должна превышать 37% (исходя из градаций шкалы Харрингтона), т.е. будет наблюдаться очень низкая или низкая вероятность его проявления, в противном случае следует утверждать о существовании не латентного, а уже явного риска, который не был учтен.

## 2.3 Создание и управление резервной системой организации для минимизации латентных рисков

Современное управление рисками представляет собой функцию управления на предприятии, предмет (объект) управления в виде организации чистых активов предприятии, стоимости операций по управлению объектом, анализ и прогнозирование

1 Харрингтон, Дж. Совершенство управления ресурсами / Дж. Харингтон; пер. с англ. А.Л. Раскина, В.В. Шахлевича; под науч. ред. В.В. Брагина. – М.: РИА «Стандарты и качество», 2008. – 352 с.

для объекта управления, с учётом различных неопределенностей и ограничивающих характеров, предлагать предложения по решению проблем возникших с наступлением риска, использовать различные методы нивелирования рисковых ситуаций. Стремление менеджеров к снижению затрат и на получение больше пользы и меньше потерь. Управление рисками включает предотвращения рисков, до того, как риск происходит, и контроль риска, после того, как риск наступил. В последнее время отражению рисков уделяется приоритетное внимание[1].

Управление рисками является процессом. Оно реализуется главным советом директоров, органом управления и другими структурами созданными на предприятии. Управление рисками используется на предприятии для разработки стратегии. Цель управления рисками является опознаванием потенциальных событий влияющих на субъект, и контролем риска, чтобы он существовал в рисковом объёме субъекта, и для достижения главной цели, чтобы обеспечить достаточную уверенность в дальнейшей деятельности хозяйствующего субъекта[2].

Всё это приводит к необходимости разработки механизмов и методов принятия управленческих решений для создаваемых в организации систем риск-менеджмента[3].

Она включает в себя агрегаты резервной системы, актуарные расчёты, гарантийные расчёты, которые в свою очередь оказывают влияние на финансовый, управленческий и стратегический учёт предприятия, а так же на показание статистических данных, что позволяет определить наиболее точные показатели латентных рисков.

Некоторые предприятия КНР для реализации международного договора подряда осуществляют в иностранной валюте (обычно долларах США) в качестве валюты расчётов. Предприятия КНР после выполнения работ и окончательного расчёта по выполненным работам должны будут обменять иностранную валюту в юани, для использования денежных средств в стране. Процедура реализации денежного потока при осуществлении международного договора подряда выполняется обычно по следующей схеме (рисунок 29).

При больших объемах работ выполняемых по международному договору подряда компаниями КНР влияние ревальвации Юаня на международные договора подряда оказывает большое влияние, что может отражаться на курсовых рисках.

В КНР формы расчётов по международным договорам объектов и их курсовые риски имеют несколько критериев классификации. По форме пересчёта стоимости, можно разделить на договор совокупной стоимости, стоимость-плюс-вознаграждение,

1 Харрингтон, Х. Дж. Три метода достижений радикальных улучшений. Технологии улучшения качества и бизнеса / Х. Дж. Харрингтон. – М.: НТК «Трек», 2002. – 44 с. – (Сер. Все о качеств. Зарубежный опыт. – Вып. 34)

2 Удовиченко А.И. Экономические стратегии управления бизнесом в рыночных условиях: монография / Удовиченко А.И., Серебрякова Н.А., Чуриков Л.И. - Воронеж, Воронежская государственная технологическая академия, 2005. – 625 с.

3 Хозяйственный риск и методы его измерения / Т.Бачкай [и др.]: пер. с венг. – М.: Экономика, 1979.

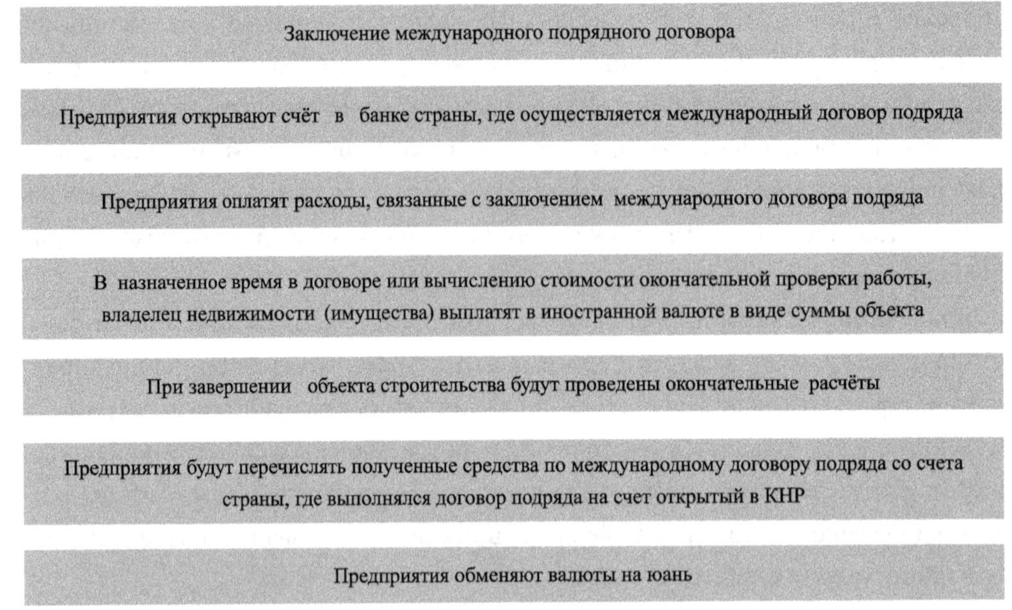


*Источник: составлено автором*

**Рисунок 29 Процедура реализации денежного потока при осуществлении международного договора подряда**

контракт, контракт цена единицы, и так далее. Эта классификация не отражает влияние изменения курсов Юаня на рентабельность объекта.

По расчёту стоимости после окончания работы объекта, частоте и времени оплаты суммы объекта, можно разделить формы расчётов международных объектов на вычисление стоимости по назначенному времени и одноразовое после завершения.

По первой форме расчёта, допустим, что объём работ завершается в течение срока строительства равномерно, то предприятие получает суммы за строительство объекта равномерно. В этой ситуации, чем раньше получат деньги, тем меньше влияние на денежные потоки из-за ревальвации юаня.

По второй форме расчёта, после завершения полного объема работ будет проведен окончательный расчёт. В этой ситуации, ревальвация Юаня больше влияет на доход объекта. Процент потери дохода представляет собой амплитуда ревальвации юаня в течение периода.

Предприятие работает как подрядчик международного объекта. Независимо от того, каким образом заказчики будут платить за объект, подрядчику должны гарантировать, что расходы по объекту будут оплачены, с тем чтобы содействовать осуществлению проекта.

И как отечественные объекты, себестоимость международного объекта также будет разделен на три категории: затраты на материалы, затраты на машины и оборудование и затраты на рабочую силу.

Трудовые затраты при осуществлении международного объекта являются более сложными. Их можно разделить на две части: оплата труда управленческого персонала и оплаты труда обслуживающего персонала (рабочих по эксплуатации).

Количество управленческого персонала маленькое и их оплата труда занимает не значительную долю в общих затратах труда.

Обычно в Азии, Африке и Латинской Америке, позволяют импорт трудовой услуги. В этой ситуации, большинство рабочих могут быть доставлены из КНР и платят за их работу в юанях. Поэтому в этой ситуации затраты на труд повышаются.

Для эффективности обеспечения финансовыми ресурсами в организациях КНР особое внимание уделяется сбалансированность источников и использования денежных средств (таблица 12).

**Таблица 12 Структура источников и направлений использования денежных средств в организациях КНР (%)**

| Показатели | 2010 | 2011 | 2012 | 2013 | 2014 | 2015 |
|---|---|---|---|---|---|---|
| Источники денежных средств | | | | | | |
| Денежные потоки от операционной деятельности | 6 | 5 | 10 | 12 | 10 | 6 |
| Денежные потоки от инвестиционных операций | 4 | 5 | 8 | 2 | 5 | 10 |
| Денежные потоки от финансовых операций | 38 | 40 | 39 | 20 | 30 | 45 |
| Чистое увеличение денежных средств и эквивалентов | 2 | 5 | 6 | 14 | 17 | 12 |
| Дополнительные данные | 50 | 45 | 42 | 52 | 38 | 27 |
| | 100 | 100 | 100 | 100 | 100 | 100 |
| Направления использования денежных средств | | | | | | |
| Внеоборотные активы | 31 | 30 | 37 | 31 | 23 | 46 |
| Оборотные активы | 50 | 51 | 40 | 50 | 60 | 45 |
| Собственный капитал | – | – | 4 | 1 | 1 | – |
| Долгосрочные обязательства | 9 | 5 | 10 | 10 | 9 | 7 |
| Краткосрочные обязательства | 10 | 14 | 9 | 8 | 7 | 2 |
| | 100 | 100 | 100 | 100 | 100 | 100 |

*Источник: составлено автором*

Контрмеры риска ревальвации юаня в международной работе. Под предпосылкой ревальвации юаня, предприятия КНР могут принять следующие меры обойти или уменьшить потери во время реализации международного объекта. При подписании договоров подряда, насколько только возможно предприятие требует расчёта и оплаты после проверки работы по месяцам от заказчика объекта, чтобы обойти ситуацию расчёта и оплаты только после завершения целого объекта. Кроме того, насколько только возможно предприятие старается получить аванс в начале работы по осуществлению международного договора подряда. Если цена разумная, предприятия могут использовать местные машины, технику и оборудование на объекте вместо оборудования привезенного из Китая, во избежание повышения себестоимости отечественного оборудования из-за ревальвации юаня. Предприятие КНР может требовать от заказчиков разделить риск колебаний обменного курса. Когда заключают договор, тогда две стороны могут договориться о разделении риска колебаний обменного курса на будущее.

Если для реализации международного объекта, предприятие кредитуется в отечественных банках или международных финансовых банках, в ситуации повышение курса юаня, предприятие должно выбрать иностранные валюты в качестве расчётной кредитной валюты. Низкий уровень экономического развития в некоторых странах, и резерв в иностранной валюте в маленьком количестве, поэтому эти страны не могут позволить себе оплатить стоимость инфраструктуры. Тем не менее, её внутренние ресурсы очень богаты. По прогнозированию если повышение ценности какого-нибудь ресурса быстрее, чем ревальвация юаня в будущем, предприятие может подписать с видом ресурсов для контракта объекта к фиксированным числом ресурсов, чтобы возместить средства объекта, такие как нефть, железная руда, медь, руда.

Требования международных и российских стандартов и нормативных документов приводят к необходимости создания системы стратегического управления рисковых ситуаций, способной анализировать возникновение всех видов рисков как производственных, так и финансовых, и определять способы уменьшения их влияния или разрабатывать стратегии их обращения в конкурентные преимущества[1].

Разработанный механизм предлагает систему стратегического менеджмента, которая представляет собой установление долгосрочных главных целей предприятия, и принятие необходимых последовательных действий и распределение ресурсов для достижения целей. по созданию стратегического управления рисковых ситуаций в организациях, что позволит представить ряд конкурентных преимуществ.

Бизнес функционирует в жестких рыночных условиях, в связи с этим стоит остро проблема обеспечения безопасности связанная с производством, технологической информацией, управлением, финансами и другой деятельностью организации, разглашение которых может нанести ущерб его интересам: коммерческой тайны,

1 Хорин, А. Н. Стратегический анализ: учеб. пособие / А.Н. Хорин, В.Э. Керимов. – 2-е изд., перераб и доп. – М.: Эксмо, 2009. – 480 с.

резервной системы, управления рисками[1].

Важность создания резервной системы (виды пассивов, характеризующих будущие расходы, формируемые в связи с существующими на отчётную дату обязательствами организации, в отношении величины которых либо срока исполнения которых существует неопределенность) привела к выводу о необходимости разработки стандарта организаций по управлению агрегатами резервной системы в обеспечении безопасности деятельности.

Для этого, исследование строилось на системных основах. Так, например, в укрупненную группу, составляющую резервные операции, включены самые разнообразные резервы (уставные, оценочные регуляторы):

- резервный капитал;
- резервы под снижение стоимости материальных ценностей;
- предстоящих расходов и платежей;
- резерв на предстоящую оплату отпусков;
- выплату ежегодных вознаграждений за выслугу лет;
- резерв предстоящих расходов по ремонту предметов проката;
- страховые фонды (резервы) и др.

Различные методики прогнозирования дают возможность рассматривать ситуации, которые могут негативно повлиять на деятельность организации и оказать пагубное влияние на финансовый результат деятельности.

Сценарии развития, разработанные в соответствии с принятой стратегией развития организации при условии наступления рисковых ситуаций должны учитывать специфику деятельности организации, это необходимо для того, что бы усилить контроль для своевременного выявления и предотвращения риска и угрозы и прежде всего риски которые зависят от самой организации и его системы менеджмента[2].

Разработанные сценарии менеджментом организации дают возможность представить вероятный путь развития процессов и явлений происходящих в организации. Они способны представить экономические ситуации, которые могут наступить в будущем. И здесь необходимо разрабатывать прогнозно - аналитические модели вариантов развития организации, наилучшего или наихудшего варианта достижения основных показателей деятельности организации.

Сценарий позволяет научно предвидеть развитие ситуации в будущем. Сценарии

---

1 Смольянова Е.Л. Управление финансовой стабилизацией предприятия / Смольянова Е.Л., Серебрякова Н.А. // В сборнике: Материалы XLVIII отчетной научной конференции за 2009 год в 3 частях. Федеральное агентство по образованию, Воронежская государственная технологическая академия. 2010. С. 81

2 Вертакова Ю.В. Оценка влияния конкурентной среды на эффективность стратегического управления развитием малого предприятия: методология и практика / Вертакова Ю.В., Леонтьев Е.Д., Плотников В.А. // Известия Юго-Западного государственного университета. Серия: Экономика. Социология. Менеджмент. 2015. № 2 (15). С. 30-36.

строятся на условных допущениях изменения основных показателей финансово - хозяйственной деятельности организации   которые существенно могут оказать влияние на имущественное и финансовое положение организации и смогут повысить экономический эффект.

Исключительная актуальность учёта агрегатов резервной системы и риска возможных катастроф свидетельствует о необходимости разработки стандарта по управлению агрегатами резервной системы в обеспечении организации эффективной системы управления и контроля на предприятии (таблица 13).

Резервная система направлена на уравновешивание риска. В современной экономической системе изменились типы рисков, которые  больше всего беспокоят компании.

«Произошла институционализация риск-менеджмента. Среди основных изменений следующие:

- создание механизма внутреннего управления риском; разработка сложных систем управления риском, включающих информационные потоки и линии отчётности, начиная от правления и заканчивая подразделениями предприятия; слияние внутреннего аудита и риск-менеджмента; попытка повысить осознание риска через корпоративную культуру;
- попытка переориентировать отделы риск-менеджмента в направлении внутренних служб консалтинга;
- возросшая представленность лиц, ответственных за управление риском непосредственно в правлении: в некоторых компаниях появилась должность риск-директора;
- попытка интегрировать процедуры оценки и контроля риска в корпоративные финансы, коммерческие стратегии и операции».

Особенно эта проблема важна для России, в которой почти 80 лет не рассматривалась проблема безопасности предприятий, в то время как многие руководители российских предприятий считают внедрение систем безопасности крайне важным направлением деятельности.

В мировой практике риск - менеджмента определен имплицитный  характер определения стоимости резервного капитала и существуют способы его определения.

Наиболее часто в мировой практике используются следующие способы:

ставка по депозитам;

ставка доходности по безрисковым вложениям;

ставки рентабельности проектов.В соответствии с МСФ037 «резерв – это обязательство на неопределенную сумму или с неопределенным сроком погашения».

Организационная  схема  резервной системы организации представлена на рисунке 30.

**Таблица 13 Стандарт «Управление агрегатами резервной системы в обеспечении организации эффективной системы управления и контроля на предприятии»**

| Укрупненные агрегаты резервной системы | Идея агрегата | Методы регулирова ния рисковых позиций | Управленческое обеспечение | | | | | |
|---|---|---|---|---|---|---|---|---|
| | | | Финансо вый учёт | Управле нческий учёт | Стратег ический учёт | Забалан совый учёт | Внесист емный учёт | Отдельн ый баланс |
| 1 | 2 | 3 | 4 | 5 | 6 | 7 | 8 | 9 |
| 1. Страхование:<br>– страхование;<br>– залоги, гарантии;<br>– совместная деятельность;<br>– субвенции | Затраты | Уклонение от риска | + | + | + | | | + |
| 2. Резервирование:<br>– резервы уставные;<br>– оценочное;<br>– регуляторы | Создание источника | Самостра-хование риска | + | + | + | | | + |
| 3. Хеджирование:<br>– фьючерсы;<br>– форварды;<br>– свопы и др.;<br>– управление активами и пассивами | Маржинальное уравновешивание | Избежание риска | | + | + | + | + | + |
| 4. Агрегирование (комплекс агрегатов резервной системы) | Любые допустимые источники | Создание комплексной компенсирующей риск позиции | | + | + | | | |

| Укрупненные агрегаты резервной системы | Аналитическое обеспечение | | | | Результаты управление | | |
|---|---|---|---|---|---|---|---|
| | | | | | Агрегаты защиты | | |
| | Финансовый учёт | Управленческий учёт | Стратегический учёт | Система производных балансовых отчётов | Экономическое содержание | Чистые активы | Чистые пассивы |
| 1 | 10 | 11 | 12 | 13 | 14 | 15 | 16 |
| 1. Страхование: страхование; залоги, гарантии; совместная деятельность; субвенции | Финансовый анализ | Управленческий анализ | Стратегический анализ | Инжиниринговый анализ | В балансовой и рыночной оценке | Предельное состояние резервной защиты требует изменения самого характера резервной<br>– защиты:<br>– активное;<br>– пассивное;<br>– нейтральное | |
| 2. Резервирование: резервы уставные; оценочное; регуляторы | | | | | | | |
| 3. Хеджирование: фьючерсы; форварды; свопы и др.; управление активами и пассивами | | | | | | | |
| 4. Агрегирование (комплекс агрегатов резервной системы) | | | | | | | |

*Источник: составлено автором*

**Рисунок 30 Организационная схема резервной системы организации**

«Международные системы учёта и отчётности обращают внимание на резервные статьи в учёте и отчётности, так как они обеспечивают стабильное развитие экономики страны. В связи с этим в балансах европейских предприятий имеется около 65 резервных статей».

Многие странах имеют специальные страховые резервы (до 60 % страховых премий), специальные банковские резервы, в размере от 1% до 20 % в зависимости от видов займов. Так, например, резервная система по защите собственных капиталов французских транспортных и телекоммуникационных предприятий составила:

– воздушный транспорт – 240,5 % стоимости уставных и регламентирующих резервов к уставному капиталу;
– телекоммуникации и связь – 214,8 %;
– водный внутренний транспорт – 40,3 %;
– вокзалы, аэропорты, порты и т.д. – 39,1 %.

Резервная система организаций позволяет соизмерять собственные ресурсы для определения результата в виде изменения стоимости собственного капитала в виде чистых активов и пассив (рисунок 31).

*Источник: составлено автором*

**Рисунок 31 Экономический подход к укрупненным группам «доходы-затраты» в организациях**

«Задачи риск-менеджмента в масштабах всего предприятия — измерение, контроль и управление совокупным риском предприятия с охватом всех категорий риска и направлений деятельности на основе единой методологии. Эта методология медленно, но верно оформляется на основе сближения методов измерения финансового риска, используемых в финансовой и страховой отраслях[1]. Такая интеграция оказалась возможной и благодаря разработкам в компьютерной сфере и сфере телекоммуникаций».

На сегодняшний день в мировой практике риск - менеджмента известно около 100 видов резервов и способов защиты предприятия.

Экономисты всего мира обращают внимание на разнообразные аспекты образования, функционирования и использования резервов:

– на суть используемого метода и его предназначение;
– объект управления соответствующим резервом, резервным фондом или конкретным агрегатом резервной системы предприятия;
– основу резервной системы: финансовый результат, собственность, инвестиции и др.;
– отражение или не отражение в учёте отдельных агрегатов резервной системы предприятия, и в каком виде учёта отражаются соответствующие резервы;
– используемые методы управления рисками и резервами;
– определение результата резервной защиты предприятия.

1 Плотников В.А. Глобальные проблемы социально-экономического развития и нейтрализации рисков экономической безопасности периода экономического кризиса / Плотников В.А. // Экономика и управление. 2009. № 3 S6. С. 12-16.

Экономический подход к использованию агрегатов резервной системы в организациях основан на соизмерении доходов с расходами, что приводит к изменению стоимости собственности, её защите и наращиванию. Р. Кох определяет систему как любую комбинацию людей и экономических ресурсов в определенной среде. «Компания – это система, живой организм, а вовсе не машина».

В процессе проведения аналитического обеспечения устанавливается предельное состояние резервной защиты и изменения характера таковой защиты в случае необходимости: активное, пассивное, нейтральное.

Предлагаемый стандарт создает механизм формирования резервной системы, позволяющий управлять потенциальными рисками и определять потенциальные потери предприятий, в разрезе укрупнснных агрегатов идентифицировать экономическую идею, методы регулирования, контрольно-аналитическое обеспечение и защиту в целях установления предельного состояния резервной защиты и изменение её характера. Внедрение такого механизма в деятельность предприятия, позволит скорректировать элементы базового (организационно-экономического) механизма и обеспечит высокий уровень конкурентоспособности.

# ГЛАВА 3

## МЕХАНИЗМ СТРАТЕГИЧЕСКОГО УПРАВЛЕНИЯ РИСКАМИ И ЕГО АПРОБАЦИЯ НА ПРИМЕРЕ ОРГАНИЗАЦИЙ РАЗЛИЧНЫХ ВИДОВ ДЕЯТЕЛЬНОСТИ

### 3.1 Выявление и анализ латентных рисков организации

В диссертационном исследовании нами доказано, что необходимо осуществлять стратегическое и тактическое управление латентными рисками. SWOT - анализ, как было отмечено, является наиболее эффективным инструментом стратегического управления латентными рисками организации. При этом факторы, обуславливающие проявление внешних латентных рисков организации были нами объединены в 4 группы: политические, экономические, социальные и технологические.

Для оценки степени влияния факторов, обуславливающих проявление и влияние внешнего латентного риска организации на выявленные нами ранее объекты внешнего латентного риска (ситуации во фракталах времени и пространства, стратегические инициативы, собственность, затраты и себестоимость, инновации, венчурный капитал) нами предлагается построение карт латентных рисков.

Процедуру оценки проводила экспертная группа, состоящая из руководителей некоторых крупных компаний, представителей органов власти, научно-педагогических работников, независимых и учёных и аналитиков.

Экспертиза, представляя собой логико-интуитивный способ анализа действительности, является одним из оптимальных методов решения задач оценки латентных рисков. Опыт показывает, что она достаточно надежна и подчиняется условиям экспериментального испытания достоверности полученной информации, в то время как способы точного анализа явлений не всегда оптимальны. Кроме того, полноценная экспертиза предполагает математическую обработку её результатов, что позволяет уменьшить риск возникновения ошибки при решении поставленной задачи.

Использование экспертно-статистического метода к оценке латентного риска организаций включало следующие этапы:

1. Выбор объектов оценки.

2. Формирование матриц экспертных оценок.

3. Определение критериев (факторов) эффективности функционирования рынка.

4. Построение матрицы статистических оценок.

5. Определение степени влияния латентных рисков на организацию и выявление приоритетных направлений минимизации латентного риска.

Обозначим оцениваемый объект через $O_i$.

Экспертные оценки (число экспертов равно $m$) при анализе $n$ объектов формируются одним из трех способов:

1. Ранжирование.

$$\begin{matrix} R_{11} & R_{21} & R_{31}\ldots & R_{n1} \\ R_{12} & R_{22} & R_{32}\ldots & R_{n2} \\ \vdots & \vdots & \vdots & \vdots \\ R_{1m} & R_{2m} & R_{3m} & R_{nm}, \end{matrix} \qquad (2)$$

где $R_{ij}$ – место объекта oi в ряду, присвоенное j-тым экспертом.

2. Проставление балльных оценок.

$$\begin{matrix} y_{11} & y_{21} & y_{31} & \cdots & y_{n1} \\ y_{12} & y_{22} & y_{32} & \cdots & y_{n2} \\ \vdots & \vdots & \vdots & & \vdots \\ y_{1m} & y_{2m} & y_{3m} & \cdots & y_{nm} \end{matrix} \qquad (3)$$

где $y_{ij}$ – оценка эффективности функционирования объекта $O_{ij}$-тым экспертом.

3. Формирование матриц парных сравнений ($\tau_{ik}$, $j$), где $i$ и $k$ – номера двух сравниваемых объектов $O_{i\,u}$ и $O_k$.

Каждый из элементов матриц равен 1, если по мнению $j$-того эксперта $O_i$ не хуже $O_k$, и 0 в противном случае.

Ранжирование является не очень точным способом определения порядковых отношений, т.к. открытым остается вопрос о величине интервалов между рангами. Этот недостаток преодолевается при использовании балльных оценок, однако, применение этого варианта может затруднить работу эксперта, особенно, если оцениваемый признак не является ярко выраженным. Недостатком процедуры парного сравнения является возможность нарушения транзитивности предпочтений, хотя трудоемкость этого метода для эксперта является минимальной. Поэтому для устранения выявленных недостатков нами была использована процедура Черчмена-Акоффа для определения весовых коэффициентов факторов латентного риска в организации.

4. Построение матрицы статистических оценок проводилось с учётом определенных экспертами уточненными оценками коэффициентов факторов латентного риска в организации.

5. Определение степени влияния латентных рисков на организацию и выявление приоритетных направлений минимизации латентного риска нами было осуществлено с помощью построения карт латентных рисков.

Для оценки факторов внешних политических рисков эксперты по технологии Черчмена-Акоффа выставили оценки и проранжировали факторы латентного риска по степени влияния на организацию (таблица 14).

**Таблица 14 Распределение политических факторов латентного риска по степени влияния на организацию**

| Фактор латентного риска | Ранг | Оценка |
|---|---|---|
| Нестабильность государственной власти, особенности государственного законодательства, национализация и т.п. | 2 | 0,85 |
| Противоречия между федеральными и региональными органами | 1 | 0,96 |
| Курс международной политики, стратегические политические альянсы и объединения | 3 | 0,74 |
| Борьба за лидерство, изменение правового статуса государств | 5 | 0,5 |
| Политика внедрения новшеств, их продвижения, расширения | 4 | 0,37 |
| Политика развивающихся стран, завоевание рынка | 6 | 0,28 |
| Изменения таможенного законодательства, лицензирования, патентного законодательства, правил международной торговли | 8 | 0,16 |
| Нестабильность государственной власти, особенности государственного законодательства, национализация и т.п. | 7 | 0,22 |

*Источник: составлено автором*

Для оценки степени влияния политических факторов латентного риска на организацию в условиях многокритериального выбора была проведена процедура согласования оценок по методу Черчмен-Акоффа (таблица 15).

**Таблица 15 Сравнение оценок по методу Черчмена — Акоффа**

| | |
|---|---|
| 0,96 < 0,85 + 0,74 + 0,37 + 0,5+0,28= 2,74 | Согласен |
| 0,96 < 0,85 + 0,74 + 0,37+0,5 = 2,46 | Согласен |
| 0,96 < 0,85 + 0,74+0,37 = 1,96 | Согласен |
| 0,96 < 0,85 + 0,74=1,59 | Согласен |
| 0,85 < 0,74 + 0,37+0,5+0,28 = 1,89 | Согласен |
| 0,85 < 0,74 + 0,37+0,5= 1,61 | Согласен |
| 0,85 < 0,74 + 0,37= 1,11 | Согласен |
| 0,74 < 0,37 + 0,5+0,28= 1,15 | Согласен |
| 0,74 < 0,37 + 0,5 = 0,9 | Согласен |
| 0,37 < 0,5+0,28= 0,78 | Согласен |
| 0,5 < 0,28 | Согласен |

*Источник: составлено автором*

В результате проведенной процедуры согласования были получены конечные оценки и уточненные, представляющие собой вес фактора в общей сумме оценок (таблица 16).

**Таблица 16 Конечные оценки и уточненные экспертные оценки**

| Фактор латентного риска | Конечная оценка | Уточненная оценка |
|---|---|---|
| Нестабильность государственной власти, особенности государственного законодательства, национализация и т.п. | 0,85 | 0,23 |
| Противоречия между федеральными и региональными органами | 0,96 | 0,17 |
| Курс международной политики, стратегические политические альянсы и объединения | 0,74 | 0,06 |
| Борьба за лидерство, изменение правового статуса государств | 0,5 | 0,17 |
| Политика внедрения новшеств, их продвижения, расширения | 0,37 | 0,12 |
| Политика развивающихся стран, завоевание рынка | 0,28 | 0,02 |
| Изменения таможенного законодательства, лицензирования, патентного законодательства, правил международной торговли | 0,16 | 0,09 |
| Нестабильность государственной власти, особенности государственного законодательства, национализация и т.п. | 0,22 | 0,14 |

*Источник: составлено автором*

Далее полученные уточненные оценки нами были умножены на экспертную оценку вероятности воздействия каждого политического фактора внешнего латентного риска на объект латентного риска (таблица 17) и отражены на карте латентных рисков, оси которых проградуированы в соответствии с доказанной для оценки латентного риска шкалой Харрингтона (рисунок 32).

**Таблица 17 Экспертная оценка политических факторов латентного риска по степени влияния на организацию**

| Фактор латентного риска | Уточненная оценка | Степень воздействия на объект риска | | | | | | | | | | | |
|---|---|---|---|---|---|---|---|---|---|---|---|---|---|
| | | Ситуации во фракталах времени и пространства | | Стратегические инициативы | | Собственность | | Затраты и себестоимость | | Инновации | | Венчурный капитал | |
| | Вк | Pi [0;1] | ВкР | Pi [0;1] | ВкР | Pi [0;1] | ВкР | Pi [0;1] | ВкР | Pi [0;1] | ВкР | Pi [0;1] | ВкР |
| Нестабильность государственной власти, особенности государственного законодательства, национализация и т.п. | 0,23 | 0,95 | 0,21 | 0,85 | 0,19 | 0,81 | 0,18 | 0,74 | 0,17 | 0,69 | 0,15 | 0,73 | 0,16 |

| Фактор латентного риска | Уточненная оценка | Степень воздействия на объект риска | | | | | | | | | | | |
|---|---|---|---|---|---|---|---|---|---|---|---|---|---|
| | | Ситуации во фракталах времени и пространства | | Стратегически еинициативы | | Собств-енность | | Затраты и себестоимость | | Инновации | | Венчурный капитал | |
| | Вк | Pi [0;1] | ВкР | Pi [0;1] | ВкР | Pi [0;1] | ВкР | Pi [0;1] | ВкР | Pi [0;1] | ВкР | Pi [0;1] | ВкР |
| Противоречия между федеральными и региональными органами | 0,17 | 0,82 | 0,13 | 0,79 | 0,13 | 0,68 | 0,11 | 0,56 | 0,09 | 0,59 | 0,11 | 0,51 | 0,08 |
| Курс международной политики, стратегические политические альянсы и объединения | 0,06 | 0,61 | 0,03 | 0,72 | 0,04 | 0,75 | 0,045 | 0,63 | 0,03 | 0,57 | 0,03 | 0,49 | 0,02 |
| Борьба за лидерство, изменение правового статуса государств | 0,17 | 0,71 | 0,12 | 0,69 | 0,12 | 0,57 | 0,09 | 0,66 | 0,11 | 0,53 | 0,09 | 0,48 | 0,08 |
| Политика внедрения новшеств, их продвижения, расширения | 0,12 | 0,59 | 0,07 | 0,64 | 0,07 | 0,61 | 0,07 | 0,63 | 0,08 | 0,51 | 0,06 | 0,46 | 0,05 |
| Политика развивающихся стран, завоевание рынка | 0,02 | 0,52 | 0,01 | 0,54 | 0,02 | 0,61 | 0,01 | 0,67 | 0,02 | 0,71 | 0,01 | 0,61 | 0,01 |
| Изменения таможенного законодательства, лицензирования, патентного законодательства, правил международной торговли | 0,09 | 0,48 | 0,04 | 0,52 | 0,04 | 0,57 | 0,05 | 0,59 | 0,05 | 0,64 | 0,06 | 0,67 | 0,06 |
| Нестабильность государственной власти, особенности государственного законодательства, национализация и т.п. | 0,14 | 0,68 | 0,09 | 0,64 | 0,08 | 0,58 | 0,08 | 0,54 | 0,07 | 0,59 | 0,08 | 0,48 | 0,06 |

*Источник: составлено автором*

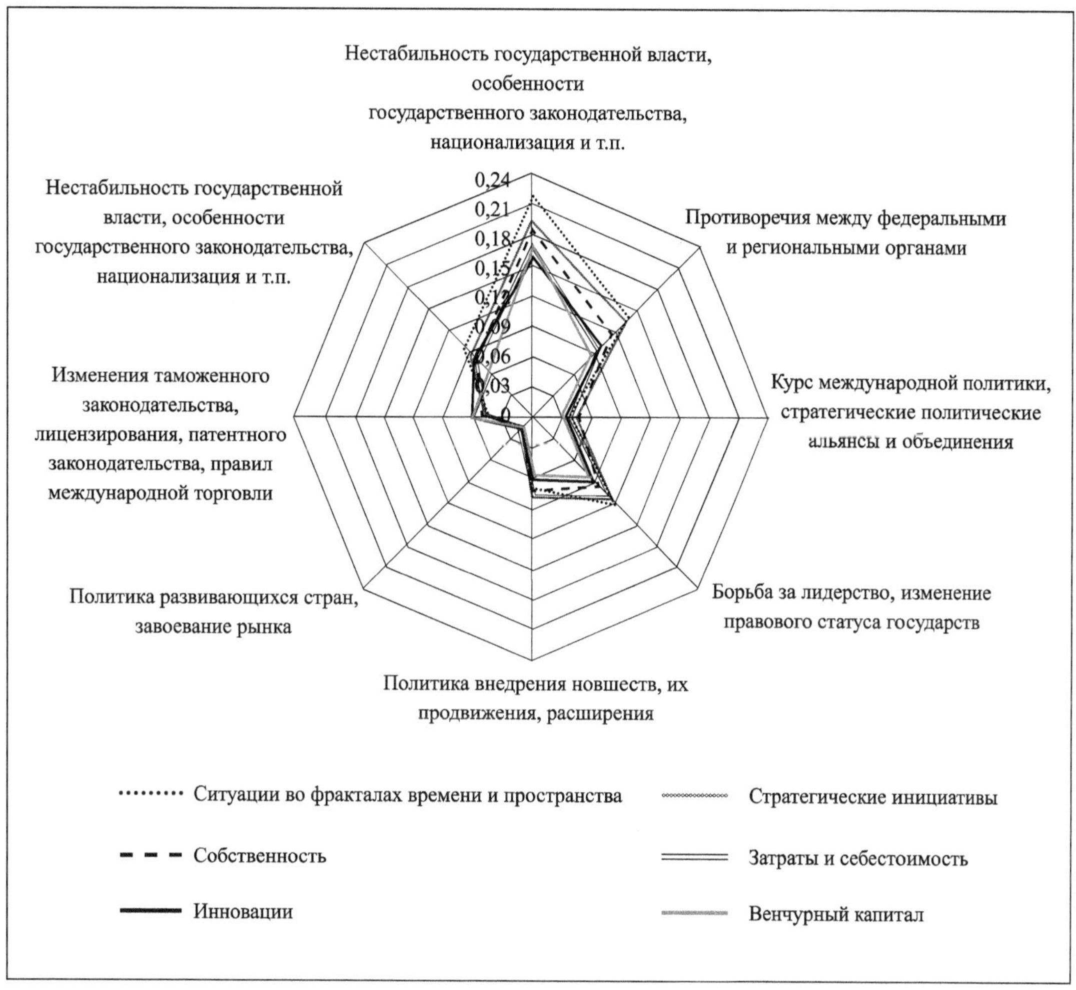


*Источник: составлено автором*

**Рисунок 32 Карта внешних латентных политических рисков организации**

Визуализация степени воздействия политических факторов внешних латентных рисков на объекты в организации представлена на карте внешних латентных политических рисков.

Аналогичным образом нами были построены карты латентных экономических, социальных, технологических рисков организации (рисунок 33 – 35).

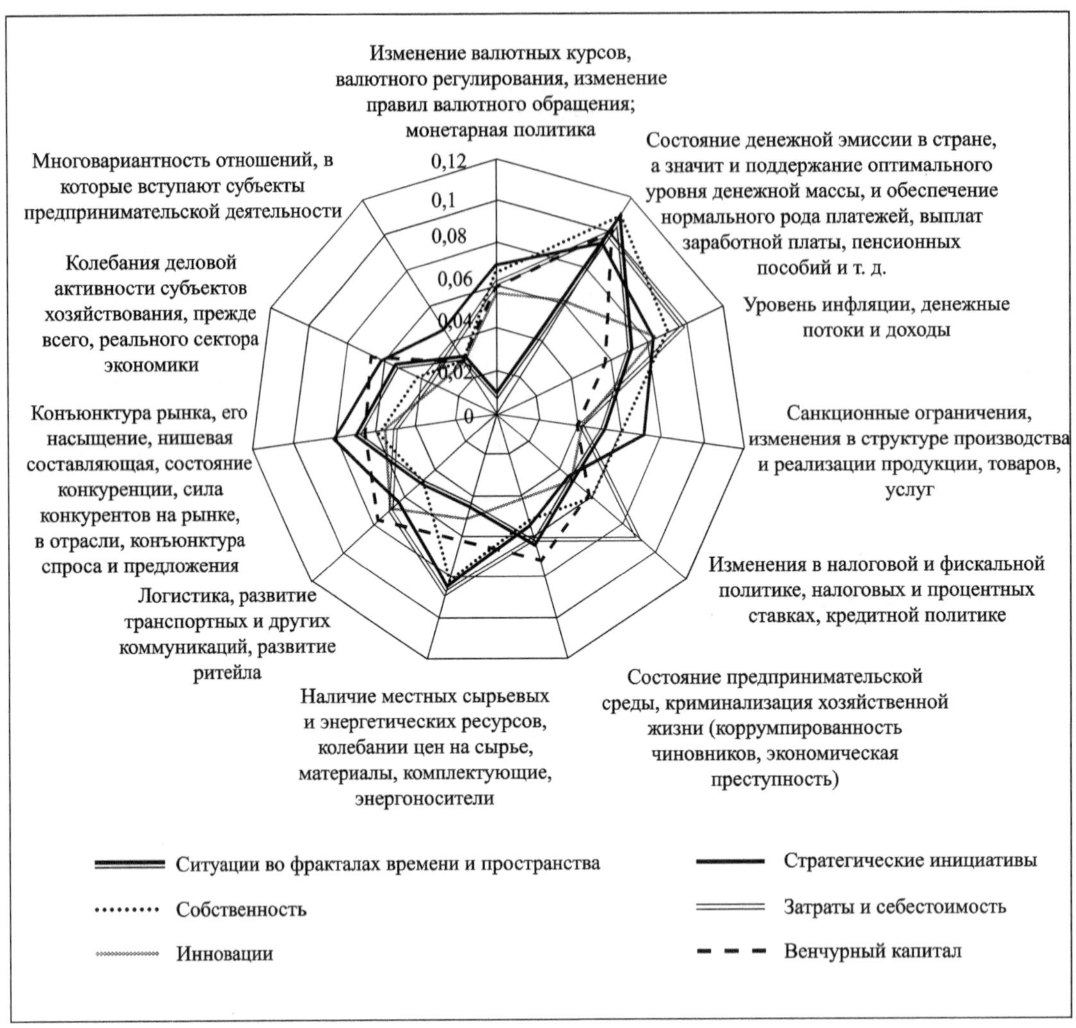


*Источник: составлено автором*

**Рисунок 33　Карта внешних латентных экономических рисков организации**

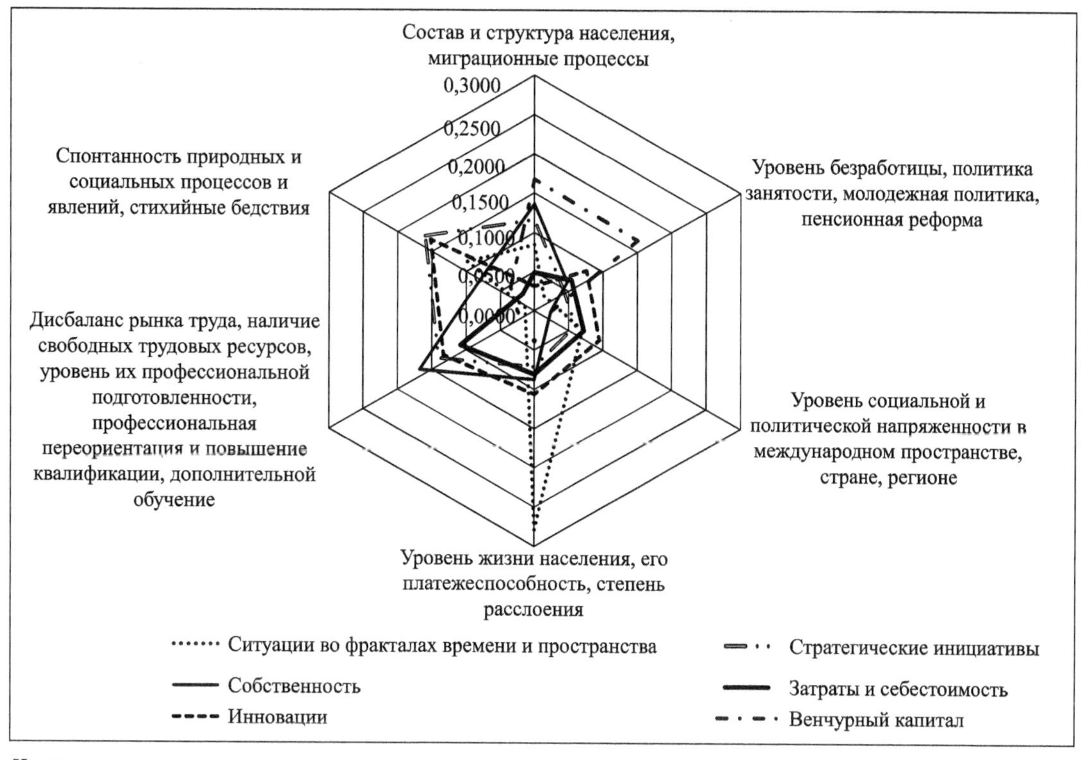


*Источник: составлено автором*

**Рисунок 34 Карта внешних латентных социальных рисков организации**

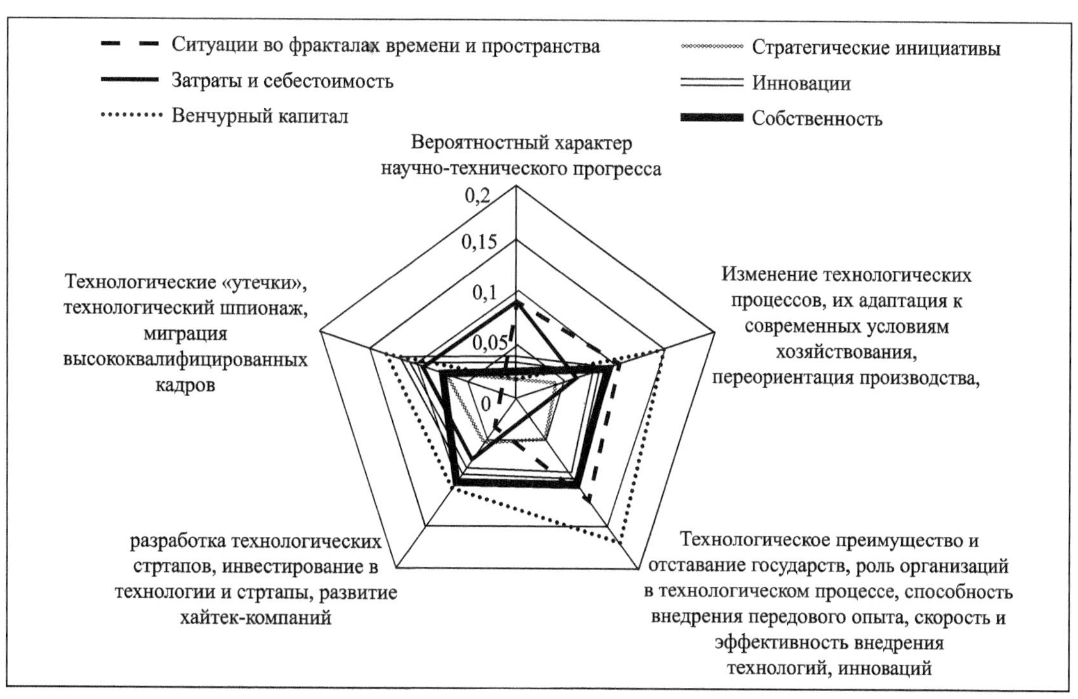


*Источник: составлено автором*

**Рисунок 35 Карта внешних латентных технологических рисков организации**

Для оценки степени воздействия внутренних факторов латентного риска (Таблица 18), выявленных нами ранее, на объекты в организации (резервная система предприятия, операционная составляющая, рыночная составляющая, кредитная составляющая) нами аналогичным образом была построена карта внутренних латентных рисков организации (рисунок 36).

**Таблица 18 Экспертная оценка внутренних факторов латентного риска по степени влияния на организацию**

| Фактор латентного риска | Уточненная оценка | Степень воздействия на объект риска | | | | | | | |
|---|---|---|---|---|---|---|---|---|---|
| | | Резервная система предприятия | | Операционная составляющая | | Рыночная составляющая | | Кредитная составляющая | |
| | Вк | Pi [0;1] | ВкР | Pi [0;1] | ВкР | Pi [0;1] | ВкР | Pi [0;1] | ВкР |
| уровень стратегического управления, ошибки планирования, прогнозирования, низкая квалификация менеджеров | 0,19 | 0,95 | 0,17 | 0,85 | 0,15 | 0,78 | 0,146 | 0,71 | 0,13 |
| нехватка производственных запасов, срывы поставок, отсутствие запаса прочности по ресурсам | 0,16 | 0,93 | 0,15 | 0,98 | 0,16 | 0,84 | 0,13 | 0,92 | 0,15 |
| риски реального инвестирования, ошибки в выборе объектов инвестирования, неправильный подбор финансовых инструментов | 0,13 | 0,61 | 0,07 | 0,52 | 0,06 | 0,75 | 0,09 | 0,91 | 0,11 |
| изменение условий контракта, перебои в поставках материалов, сырья, комплектующих | 0,12 | 0,75 | 0,08 | 0,91 | 0,11 | 0,77 | 0,09 | 0,58 | 0,06 |
| невозврат долга и процентов по нему, невыполнение условий кредитного договора, невольное банкротство заемщика, изменение платежеспособности заемщика | 0,10 | 0,76 | 0,07 | 0,55 | 0,05 | 0,63 | 0,06 | 0,94 | 0,09 |
| ошибки выбора и внедрения инноваций, технологических новшеств | 0,08 | 0,64 | 0,05 | 0,56 | 0,04 | 0,45 | 0,03 | 0,86 | 0,07 |

| Фактор латентного риска | Уточненная оценка | Степень воздействия на объект риска | | | | | | | |
|---|---|---|---|---|---|---|---|---|---|
| | | Резервная система предприятия | | Операционная составляющая | | Рыночная составляющая | | Кредитная составляющая | |
| | | | | | | | | | |
| | Вк | Pi [0;1] | ВкР | Pi [0;1] | ВкР | Pi [0;1] | ВкР | Pi [0;1] | ВкР |
| нарушение патентных прав, невыполнение контрактов, судебные процессы с внешними партнерами, внутренние судебные процессы | 0,07 | 0,46 | 0,0313636 | 0,71 | 0,0484091 | 0,76 | 0,0518182 | 0,55 | 0,0375 |
| низкий уровень организации труда сотрудников, недостаточная квалификация рабочей силы и т.д. | 0,15 | 0,51 | 0,0753409 | 0,45 | 0,0664773 | 0,41 | 0,0605682 | 0,32 | 0,0472727 |

*Источник: составлено автором*

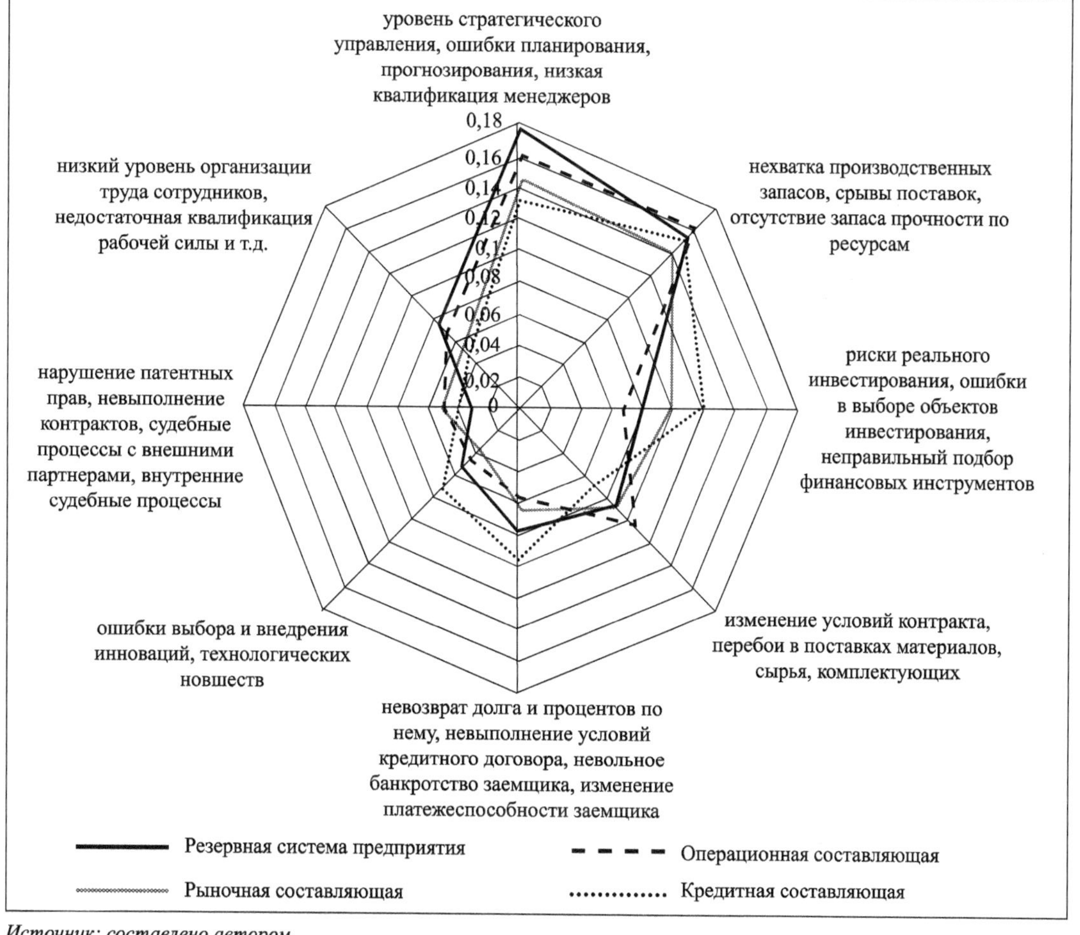


*Источник: составлено автором*

**Рисунок 36 Карта внутренних латентных рисков организации**

Визуализация степени воздействия внутренних факторов латентных рисков на объекты в организации представлена на карте внутренних латентных рисков.

Проведенный анализ позволяет утверждать, что степень воздействия факторов латентного риска (внешних и внутренних) на объекты риска в организации не превышает определенного нами порога 37% (исходя из градаций шкалы Харрингтона), т.е. наблюдается очень низкая или низкая вероятность его проявления, что является характерным для латентного риска. Увеличения вероятности его воздействия свидетельствует о переходе латентного риска в явный, методы управления которым известны и широко используются в науке и практике риск-менеджмента.

Для выявления приоритетных направлений развития организации с учётом минимизации или устранения латентного риска необходимо осуществить комплекс мероприятий, оценить эффективность принятых в риск-менеджменте решений.

## 3.2 Интеграция системы управления рисками в резервную систему организаций

Проведенное исследование показало, что для эффективного ситуационного управления латентными рисками организации необходима интеграция системы управления рисками в резервную систему организаций. Например, история крупнейшего американского хедж-фонда Long-Term Capital Management показала, что полностью отсутствовали механизмы определения достаточности резервной защиты. Менеджеры фонда попытались найти инвесторов, которые могли бы внести новый капитал, чтобы укрепить баланс фирмы, но безуспешно. Инвестор к которому они обращались сказал, что проблема с хеджевыми фондами заключается в том, что «они никогда не знают, кто плавает обнаженным, пока не наступит отлив».

«Резервы обладают двоякой целью: выступают в качестве обязательства перед третьими лицами (государство, налоговые органы, поставщики и т.д.); являются обязательствами по отношению к институциональной единице. «Резервы – это часть собственного капитала, выделенная для обслуживания обязательств, которые могут возникнуть в будущем (условные обязательства»).

Отсюда резерв  в самом широком смысле слова – запас чего-либо на случай надобности, источник, откуда черпаются новые средства, силы, а самое главное – возможности удовлетворения и гарантирования определенных гражданско-правовых, общественно-правовых обязанностей и обязательств, в первую очередь выступающие гарантом безопасности функционирования предприятия и выполнения им своих обязательств.

Резервы создаваемые на предприятиях весьма многочисленны и выступают в виде гарантов активов:

- резерв под снижение стоимости материальных ценностей;
- на естественную убыль ресурсов;
- под обеспечение вложений в ценные бумаги;
- покрытие прироста стоимости, замещения активов;
- по сомнительным долгам;
- на возможные недостачи;
- на покрытие безнадежных долгов;
- на возможное изменение цен;
- для рисков;
- для расходов будущих периодов.

В мировой экономике имеется большая группа резервов, обеспечивающих защиту капитала:

- резервный капитал;
- контрактные оценочные резервы;
- факультативные резервы и их многочисленные разновидности;
- эмиссионный доход и доход от слияния предприятий;
- резервы на обеспечение собственных фондов;
- по переоценке;
- связанные с самоконтролем;
- по капиталу, находящемуся в материнском или дочернем обществе;
- обеспечению внешних фондов;
- инвестиционные субсидии;
- регламентируемые резервы;
- национальные фонды инвестиций;
- консолидированные резервы;
- резервный капитал;
- добавочный капитал.

При этом уставные резервы во многих странах в среднем по отрасли превышают 50 % уставного капитала:

- капитал, используемый для производства оборудования для надземного транспорта в среднем по 1672 французским предприятиям, заменен уставными резервами на 116,5 %;
- по производству сельскохозяйственных машин – на 103,0 %;
- в строительной отрасли – на 228,8 %;
- оптовой продовольственной торговле – на 120,0 %;
- посреднической торговле – на 136,1 %;
- туристических фирмах – на 193,2 %;

– страховании – на 252,5 %.

По Системе Бухгалтерского учёта на предприятиях КНР предоставляют восемь резервов под обесценение активов, а именно:

1. Дебиторская задолженность и прочие-резервы по сомнительным долгам.

2. Краткосрочные финансовые вложения в акции, облигации и другие положения – резервы на краткосрочных финансовых вложений.

3. Предоставление долгосрочных инвестиций и долгосрочных инвестиций в акционерный капитал и других долговых инвестиций – Резервы под обесценение долгосрочных инвестиций.

4. Для сырья, упаковочных материалов, расходных материалов, готовой продукции и других положений инвентаризации для девальвации инвентаризации-Резервы под обесценение запасов.

5. Машины и оборудование, здания и другие основные средства – резервы на обесценение основных средств.

6. Патенты, товарные знаки и другие нематериальные активы – резервы под обесценение нематериальных активов.

7. Резерв под обесценение незавершенного строительства.

8. Резерва под обесценение Доверенных по кредиту.

По результатам исследования теоретических и практических источников установлено наличие более 10 трактовок резервной системы предприятия:

– рассмотрение резерва, хедж-позиции, специальных контрактов (Дж. Бейли, Л. Гитман, М. Джонк, Д. Доунс, У. Шарп и др. Лауреат Нобелевской премии по экономике У.Ф. Шарп и профессора Г.Дж. Александер и Дж.В. Бейли). Выше перечисленные авторы сводят резервные позиции только к хеджированию;
– резервная система сводится к страхованию от самых разнообразных потерь (Д. Блэк, З. Боди, И. Бишек, Лауреат Нобелевской премии по экономике Р. Мертон. Дж. Маршалл и др.);
– резервная система предприятия рассматривается как комплекс резервов на базе использования основных положения теории предельных значений (Дж. Харрис, Т.Н. Малькова, Л.Т. Гиляровская, Р. Мертон, Б. Батлер, С. Скоулз и др.);
– управление риском на базе использования инструментов финансового инжиниринга формирует комплексное (агрегированное) понятие резервной системы (А.Г. Грязнова, Д. Кидуэлл, Г.Е. Крохичева, Ш. Лоран, П. Самуэльсон, В.И. Ткач).

Четыре модуля комплексного управления рисками GARP сотрудничают координационно за 6 задач управления рисками. В самом деле, по существу нет разницы между программой GARP и рамкой COSO. GARP программа охватывает восемь элементов комплексного управления рисками COSO, и перегруппировал их, т.е стратегия является центром инфраструктура управления рисками, процесс и окружающая среда представляют собой три платформы комплексной системы управления рисками.

В вопросах управления реальным бизнесом всегда присутствует общая проблема учёта риска. Теоретические положения, затрагивающие эти вопросы, с течением времени эволюционировали, опираясь в значительной степени на теорию портфеля, т.е. набор различных инвестиций, принадлежащих компании с учётом долей различных вложений, влияющий на стоимость компании. В современных условиях акцент делается на использование инструментов бухгалтерского и финансового инжиниринга.

Модель резервной системы предприятия позволяет рассчитать технические и экономические возможности предприятия, с учётом созданной резервной системой, и учитывая потенциальные рисковые ситуаций, что даст возможность определить зоны финансового риска предприятия, на примере China Railway Construction Corporation Limited (рисунок 37).

*Источник: составлено автором*

**Рисунок 37 Адаптация институциональной единицы к изменяющейся рыночной среде и рисковым ситуациям**

«Существуют различные стратегии риск-менеджмента. Они включают понятие риска, полную или частичную передачу его другой стороне (например, путем страхования или образования совместного предприятия); устранение риска путем принятия “стратегии выхода”; контроль риска с помощью встроенных в операционную систему компании защитных механизмов; осуществление риск-менеджмента персоналом».

Рисковые ситуации рассматриваются в комплексе с резервной системой предприятия для обеспечения контроля зоны и маржи безопасности.

«Ключевую роль в построении успешной системы риск-менеджмента играет вертикальное и горизонтальное взаимодействие внутри организации», с ориентацией на обеспечение устойчивого развития, сохранение и динамику агрегированных и дезагрегированных показателей собственности.

Предложенный алгоритм включает совокупность ориентиров совершенствования управления и механизм выбора приоритетных направлений развития ситуационного управления рисковых ситуаций (рисунок 38).

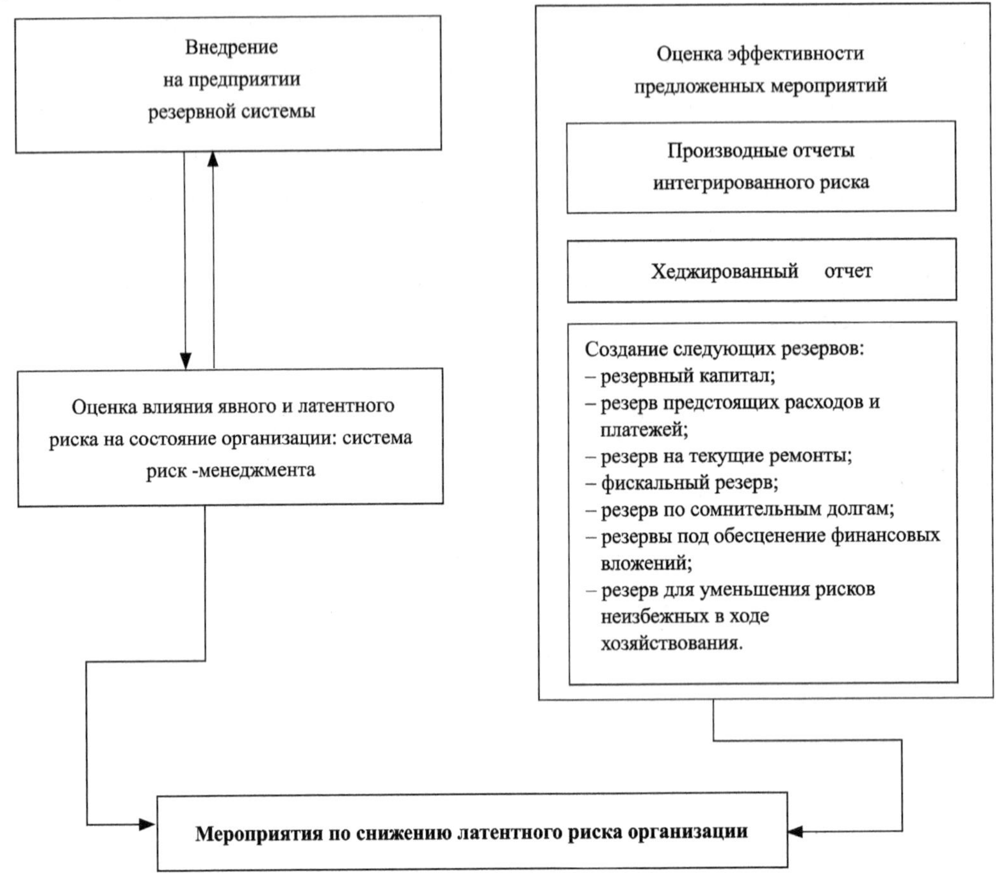


*Источник: составлено автором*

**Рисунок 38 Алгоритм интеграции системы риск-менеджмента в резервную систему организации**

Исходя из этих основных позиций и с учётом проведенных анкетных обследований модель резервной системы предприятия представлена на рисунке 39.

Модель ориентирована на использование основных процессов резервной защиты в зависимости от масштабов предприятия, его потенциала решаемых оперативных, тактических и стратегических задач: страхование; резервирование; хеджирование; агрегирование (использование комплекса защитных процессов и агрегатов).

Комплекс блоков резервной системы позволяет обеспечить контроль, анализ и аудит резервной системы, используя показатели стоимости организации (балансовая,

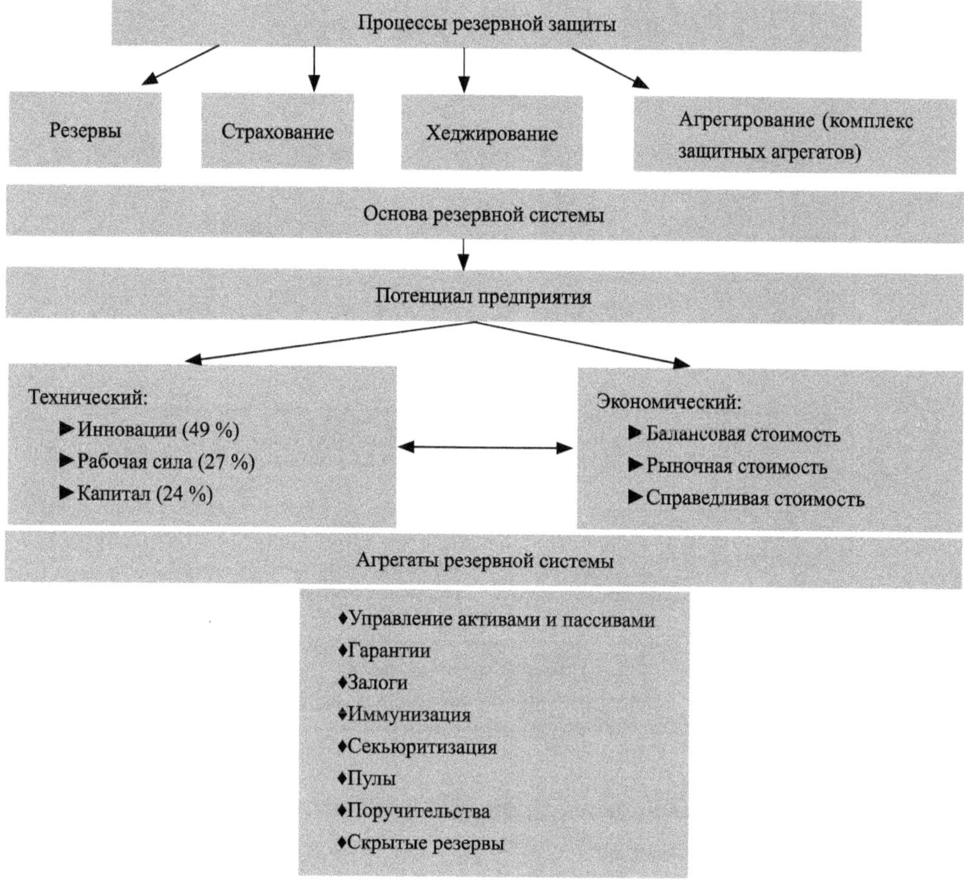


*Источник: составлено автором*

**Рисунок 39 Модель резервной системы организации на примере China Railway Construction Corporation Limited**

рыночная и справедливая стоимость (рисунок 40).

Основа резервной системы направлена на обеспечение концепции постоянно действующего предприятия на базе использования принципов: последовательности учётной политики, временной определенности, соответствия расходов доходам, значимости показателей, осмотрительности (консерватизм), имущественной обособленности по видам деятельности, сегментам и др.

Всё это обеспечивает сохранение собственности, увеличение капитализации и других показателей, позволяющих обслуживать процесс управления резервной системой и рисковыми ситуациями.

Технический потенциал зависит от 3 факторов:

- инноваций, определяемых по данным инновационного производного балансового отчёта (49 % потенциала);
- рабочей силы, определяемой по данным интеллектуального производного

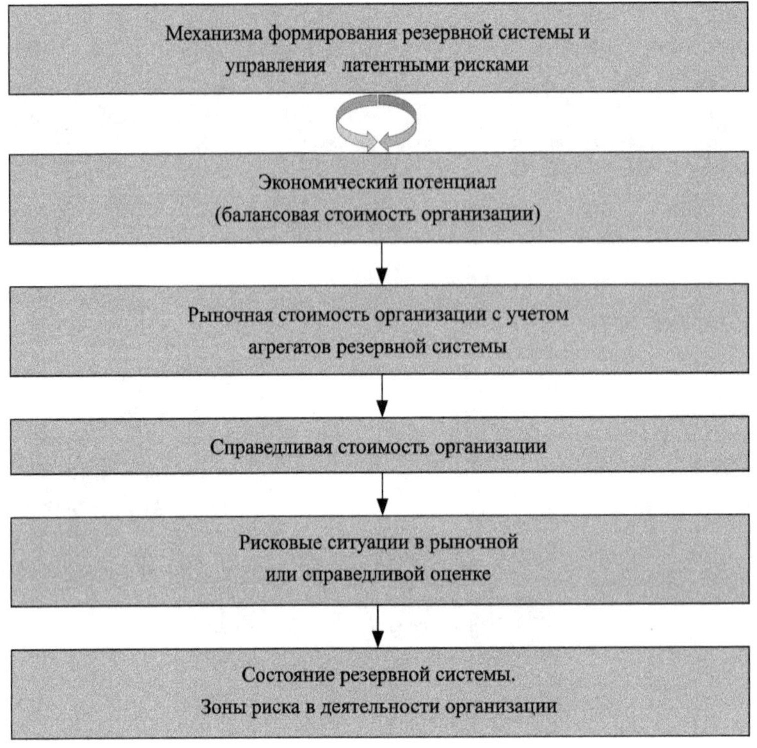


*Источник: составлено автором*

**Рисунок 40 Механизм формирования резервной системы и управления латентными рисками организации**

балансового отчёта (27 % потенциала);

– капитала в справедливой или рыночной оценке, определяемого по данным субстанционного или органического производного балансового отчёта (24 % потенциала).

Справедливая стоимость широко используется для признания и измерения финансовых инструментов. На фондовом рынке измерение справедливой стоимости помогает пользователям финансовой отчетности получить финансовую информацию о компании и контролировать риски, и может также отражать влияние рыночной стоимости финансовых инструментов на чистую прибыль или чистые активы.

Стандарт бухгалтерского учёта КНР для предприятий №.22 «Признание и оценка финансовых инструментов» определяет, что финансовые активы и пассивы, учитываемые в текущей прибыли и убытке по измерению справедливой стоимости и его изменение, образующие прибыли и убытки учитываемые в текущей прибыли и текущем убытке (кроме тех, которые касаются хеджирования). Финансовые активы, учитываемые в текущей прибыли и убытке по измерению справедливой стоимости и его изменение, разделятся на два типа: торговые финансовые активы и финансовые активы, учитываемые в текущей прибыли и убытке по назначению и измерению справедливой стоимости. Их связанные расходы сделки определены текущие прибыли и убытки, платежи включая дивиденды или проценты облигаций наличных денег к получению определены объекты к получению. При продажи или ликвидации финансовых активов и пассивов, разница между продажей или ликвидацией справедливой стоимости и начальной суммой идет в счёт определения дохода от инвестиций; и одновременно регулировать прибыль и убыток при изменении справедливой стоимости.

Начальная сумма финансовых активов, которые можно продать, включает связанные расходы сделки и их справедливую стоимость. А в балансе прибыль и убыток при изменении не учитывать в текущей прибыли и текущего убытке, а учитывать в дополнительный оплаченный капитал. Это отличается от финансовых активов, учитываемые в текущей прибыли и убытке по измерению справедливой стоимости и его изменение.

Министерство финансов КНР в 2006 году опубликовало «Стандарты бухгалтерского учёта на предприятии» - «Базовый стандарт». Справедливая стоимость определяется как цена или стоимость, о которой договариваются покупатель и продавец, которые хорошо знают ситуацию на рынке в условиях справедливой торговли и на добровольной основе, или цена, о которой договариваются между двумя самостоятельными сторонами в ситуации справедливой торговли для сделки какого актива или погашения какого то обязательства. Это сумма получается по измерению справедливой стоимости в ситуации справедливой торговли и на добровольной основе между покупателем и продавцом для проведения обмена активов и погашение долгов.

С точки зрения определения, обе стороны в сделках по справедливой стоимости должны быть несвязанные по операции и интересам. А если не так, то стороны сделки вероятно используют справедливую стоимость для манипуляции корпоративных прибылей. Ещё другая предпосылка в том, что сделка двух сторон идёт обязательно на добровольной основе. Справедливая стоимость будет терять значение в ситуации принудительной сделки или принудительной ликвидации активов. Обе стороны обязательно имеют профессиональные навыки и хорошо знают ситуацию на рынке, на которой здоровая окружающая среда. Поэтому когда мы вводим свойства измерения справедливой стоимости, нужно учесть три уровня применения справедливой стоимости. В-первых, если бывает оживлённая рыночная котировка (например, на фондовой бирже), то справедливая стоимость определяется по рыночной цене. Во-вторых, если нет оживлённой рыночной котировки, то нужно сопоставить справедливую стоимость самых последних цен сделок или однородных активов или обязательств. Если нет соответствия вышеуказанным ситуациям, то используется профессиональный метод оценки для определения справедливой стоимости.

Справедливая стоимость определяется на основе рыночной информации о ценах, отражает влияния цены, процентных ставок, изменений обменного курса, девальваций из-за технологического прогресса и других факторов на стоимость активов и обязательств. Можно сказать, что справедливая стоимость отражает динамику стоимости активов и обязательств. Для определения справедливой стоимости может использоваться не одна модель измерения, а берутся другие модели за эталон сопоставления. Например, когда определяют справедливую стоимость при использовании методик оценки чистой цены, метод чистой приведенной стоимости и поэтому они часто становятся базовой ценой для определения справедливой стоимости. Поэтому справедливая стоимость представляет собой комплексный атрибут измерения определения активов и обязательств на основе рынка.

В настоящее время в Китае ситуация на рынке складывается так, что текущая информация по ценам на активы не совсем здоровая. Не возможно регулярно и своевременно получить последние рыночные цены на различные активы. Трудно определяется разумная справедливая стоимость. В целях повышения беспристрастности и объективности, необходимо совершенствовать и развить систему рыночных цен, чтобы рыночная цена корпоративных активов была определенна и раскрыта разумно и справедливо. Это будет основа фактических данных для определения справедливой стоимости.

Согласно Закону «О компаниях», Закону «О ценных бумагах» и других нормативных актов, в компании убыточность в течение трёх лет будет основанием для приостановки листинга этой компании. Этот жёсткий критерий приводит к злоупотреблению справедливой стоимостью для сохранения Права Листинга компании. Чтобы справиться с внедрением новых стандартов, необходимо изменить условия и использовать непрерывный доходный показатель предприятия, показатели операционного денежного потока, производственно-хозяйственного состояния (нормальное состояние, состояние остановки, актива не хватает для погашения долгов, несостоятельность и так далее) для измерения и оценки листингового предприятия.

В целом стратегические факторы, определяющие формирование потенциала организации, представлены на рисунке 41.

Экономический потенциал организации определяется чистыми активами и чистыми пассивами. Значительные объемы строительства в Китае предопределяют заинтересованность государственных структур в контроле над деятельностью крупнейших организаций.

Потенциал бизнеса обеспечивает управление ресурсным потенциалом: собственностью, инновациями, рабочей силой, капиталом как в целом по предприятию, так и в разрезе его внутренних и внешних сегментов деятельности на основе использования производных инструментов.

В связи с различными ситуациями на предприятиях, справедливая стоимость

**Рисунок 41 Стратегические факторы, определяющие формирование потенциала организации**

не может быть указана в деталях в методе работы, таким образом предприятия имеют право выбора в учётной политике. Это не исключает субъективность выбора листингового предприятия. Предприятие может использовать право выбора в учётной политике и правил, например справедливую стоимость, на реинтеграцию результатов бухгалтерской отчётности. Поэтому органы контроля ценных бумаг должны усилить надзор за правом выбора учёта предприятий, чтобы повысить прозрачность раскрытия информации в целях защиты интересов инвесторов.

Достаточно использовать стандарт аудита по справедливой стоимости и её раскрытию, нормализовать и стандартизировать аудит измерения и раскрытия справедливой стоимости в финансовой отчётности.

Предлагаемая модель резервной системы организации позволяет создать механизм формирования резервной системы для управления рисковыми ситуациями, определения зон риска предприятий, позволяющий в разрезе укрупненных агрегатов идентифицировать экономическую идею, методы регулирования, контрольно-аналитическое обеспечение и защиту в целях установления предельного состояния резервной защиты и изменение её характера. Внедрение такого механизма в деятельность предприятия, позволит скорректировать элементы базового (организационно-экономического) механизма и обеспечит высокий уровень конкурентоспособности.

## 3.3 Апробация стратегического управления латентными рисками в деятельности организаций

За последние 30 лет в мировой экономике обсуждались самые разнообразные стратегические идеи, позволившие подойти к рассмотрению проблемы стратегического управления, анализа, контроля и аудита рисковых ситуаций в реализации инноваций, сокращении затрат и наращивании собственности.

Институт управления проектами в 2000 году разделил управление рисков на 6 этапов: планирование управления рисками, опознание рисков, оценка рисков, измерение рисков, решение рисков и мониторинг рисков.

COSO хотя не предложил процедуру управления, но предложил 8 факторов управления рисками, в том числе, внутренняя среда, постановка целей, идентификация вопросов, оценка рисков, реагирование на риски, контролирование деятельности, информационно-коммуникационные и мониторинг.

В соответствии со ст.6 «Стандарта управления рисками» Института внутренних аудиторов КНР, управление рисками состоит из трёх этапа:

1. идентификация рисков, то есть определяется цель стратегического планирования и определяют степень риска;

2. оценка рисков, то есть оценивается возможность возникновения рисков и степень воздействия на финансово – хозяйственную деятельность организации;

3. реагирование на риски, то есть принимаются соответствующие меры для контроля рисков в допустимом диапазоне, принятом риск – менеджеров в соответствии с принятой стратегией управления рисковыми ситуациями.

Используя разработки Комиссии по контролю и управлению государственным активам КНР и Указания по управлению рисками центральных предприятий, основная процедура управления рисками включает в себя 5 этапов:

1. сбор первоначальной информаций влияющей на эффективное управления рисками;

2. оценка рисков;

3. разработка стратегии управления рисками;

4. предложения по реализации программы управления рисками;

5. мониторинг по улучшению управления рисками.

3С-рамка разбивает процесс комплексного управления рисками на 4 звена:

1. подготовка управления;

2. реализация управления;

3. управленческая отчётность;

4. Мониторинг.

Подготовка управления включает в себя: выбор проектов, определение цели, создание состава, сбор информации, первоначальное понимание проблемы, разработка плана, установление программы, инициатива.

Реализация управления включает в себя опознание рисков, оценка рисков, реагирование на риски, контроль рисков.

Управленческая отчётность включает в себя отчёты по рискам, предупреждение рисков, отчёты мониторинга и аудита.

Мониторинг включает в себя, надзор рисков, аудит рисков, улучшение управления.

В течение последних 10 лет был решен ряд проблем менеджмента, учёта, анализа, контроля и аудита реализации стратегий в условиях риска и неопределенности.

На основании теории об интеграции управленческого и финансового анализа и руководствуясь системой показателей, которые должны быть заложены в механизм стратегического управления рисками в деятельности организаций, разработана модель управления рисковых ситуаций.

Взаимодействие внешнего воздействия, резервной системы и рисков (рисунок 42) направлено на определение и использование зоны безопасности.

*Источник: составлено автором*

**Рисунок 42 Взаимодействие внешнего воздействия, резервной системы и рисков организации**

Разработка модели строилась на следующих основных положениях:

Все возможные объекты стратегического управления были систематизированы в 6 агрегатов: стратегические инициативы; экономические ситуации во фракталах времени и пространства; инновации и их внедрения; собственность; затраты и себестоимость; венчурный капитал.

В основу зависимости между объектами стратегического управления, принципами и реализуемой идеей положена модель типовых решений Портера, ориентирующая предприятия на взаимоувязку отраслевых и сегментарных преимуществ, вытекающих из самых низких цен, дифференциации и специализации.

Алгоритм модели стратегического управления рисковых ситуаций должен отразить результаты процесса создания стратегии в показателях рыночной и справедливой стоимости предприятия.

В основу восприятия риска положена теория перспектив, основой которой стало то наблюдение, что выбор людей в разных условиях является разным. Когда люди находятся в ситуации выигрыша, они теряют склонность к риску и рискованным сделкам, так как хотят удержать приобретение. Когда они терпят убытки, и эти убытки растут, они становятся более склонными к риску, потому что им по большому счёту нечего терять. Эта асимметрия действует в отношении финансовых потерь и приобретений, но может применяться к более абстрактным вещам, таким как репутация или желание сохранить позитивный настрой.

С учётом вышеуказанных положений разработана модель стратегического управления рисковых ситуаций (рисунок 43).

<table>
<tr><td>Объекты риска организации</td><td rowspan="7">Принципы</td><td rowspan="3">Увеличение справедливой стоимости</td><td rowspan="7">Оценка риска</td><td rowspan="7">Через стоимость, подверженную риску в рыночной и справедливой стоимости</td></tr>
<tr><td>Собственность</td></tr>
<tr><td>Инновации</td></tr>
<tr><td>Стратегические инициативы</td><td rowspan="2">Увеличение рыночной стоимости</td></tr>
<tr><td>Затраты и себестоимость</td></tr>
<tr><td>Ситуации во фракталах времени и пространства</td><td rowspan="2">Использование рискового капитала</td></tr>
<tr><td>Венчурный капитал</td></tr>
<tr><td colspan="5">Реализуемая основная идея</td></tr>
<tr><td colspan="5">Количественная и стоимостная оценка рисков с высокой вероятностью</td></tr>
</table>

*Источник: составлено автором*

**Рисунок 43 Модель стратегического управления латентными рисками организации**

Модель ориентирует пользователей на использование следующих объектов, подверженных рискам:

– стратегических инициатив;

– экономических ситуаций во фракталах времени и пространстве (рыночные ниши, внутренние и внешние сегменты, временные горизонты);

– инноваций;

– собственность и её вложений, т.е. самых разнообразных инвестиций;

– затрат и себестоимости;

– венчурного капитала.

Объекты управления рисковыми ситуациями в модели характеризуются следующими блоками:

– принципами стратегического управления;

– реализацией основной идеи;

– производными инструментами;

– алгоритмом организации стратегического управления рисковых ситуаций;

– зоной безопасности;

– организацией контроля.

В основе модели положены 3 основных принцип:

– наращиванием потенциала, т.е. увеличением справедливой стоимости предприятия;

– наращиванием стоимости, т.е. увеличением рыночной стоимости предприятия;

– эффективным использованием рискового капитала:

$$Д_в = Д_г + Н_р + Н_в \qquad (4)$$

где $Д_в$ – венчурный доход; $Д_г$ – гарантированный доход; $Н_р$ – надбавка за рыночный риск; $Н_в$ – надбавка за венчурный риск.

Реализация этих принципов достигается управлением рисковым (венчурным) капиталом, что очень важно в современных условиях развития экономики (рисунок 44).

*Источник: составлено автором*

**Рисунок 44 Методика управления рисковым капиталом**

Модель отражает основную идею стратегического управления рисковых ситуаций: количественную и стоимостную оценку рисков с высокой вероятностью и оценка риска через стоимость, подверженную риску, в рыночной и справедливой оценках.

Разработанная и апробированная модель стратегического управления рисковых ситуаций организации (стратегические инициативы, ситуации, инновации, собственность, затраты, венчурный капитал) обеспечивает стратегический управление на основе соответствующих принципов оценки, производных инструментов, алгоритма с определением зон безопасности (активная, пассивная и нейтральная) и организации контроля и анализа по полученным результатам.

Организация анализа эффективности принимаемых стратегических управленческих решений по управлению рисковыми ситуациями привела к мысли о необходимости разработки соответствующих методик. Для чего мы руководствовались следующими принципами.

Во-первых, анализ принимаемых решений основывается на использовании показателей стоимости чистых активов и чистых пассивов, которые в методике представлены комплексом показателей:

– фактической стоимостью по данным бухгалтерского баланса в учётных ценах;
– скорректированной бухгалтерской стоимостью с учётом обнаруженных нарушений и отклонений от существующих правил и положений;
– стоимостью, определенной с учётом агрегатов резервной системы в рыночной оценке;
– стоимостью, определенной в результате управления соответствующими рисковыми ситуациями.

За основу анализа принимается рыночная стоимость предприятия в соответствии с агрегатами резервной системы, аналитическое обеспечение которой представлено на рисунке 45.

Во-вторых, в управлении  такими специфическими чистыми активами выступают:

– чистые активы, полученные с учётом регулирования чистых активов по предприятию в целом;
– определенные с учётом управления отдельными рисковыми ситуациями;
– полученные в результате управления рисковыми ситуациями, влияющими на финансовое состояние;
– связанные с реализацией мероп риятий по управлению активами роста;
– определяемые в результате управления использованием капитала;
– полученные в результате проведения реорганизационных процессов;
– получаемые в результате управления гарантиями, залогами и т.д.

В-третьих, в стратегическом управлении такими специфическими чистыми активами являются: чистые активы, полученные в результате реализации

*Источник: составлено автором*

**Рисунок 45 Механизм управления резервной системой организации**

стратегических инициатив; инноваций; управлением затратами и себестоимостью; собственностью; венчурным капиталом.

На эффективность управленческих решений по управлению риском влияет ряд макро и микроэкономических факторов, которые необходимо учитывать при разработке методик по определению эффективности деятельности организаций (таблица 19).

**Таблица 19 Макро и микроэкономические факторы, влияющие на эффективность деятельности организаций**

| Показатели | Фактор |
|---|---|
| Макроэкономические | Внешнеэкономическая конъюнктура |
| | Конкуренция |
| | Процентные ставки по кредитам |
| | Финансовая система |

| Показатели | Фактор |
|---|---|
| Микроэкономические | Платежеспособность |
| | Финансовое состояние |
| | Инновационный потенциал предприятий |

*Источник: составлено автором*

Дж. Робертсон характеризует более 10 аудиторских моделей: «модель аудиторских затрат, аудиторского риска, предсказания банкротства, риска неэффективности аудиторской проверки, соотношения затрат и прибыли, аудиторской эффективности управленческую аудиторию модель, финансовую аудиторскую модель», модели нулевого, актуарного, субстанционного отчёта. С учётом вышеуказанных положений разработана и апробирована методика анализа эффективности управленческих решений по управлению риском (рисунок 46), представленная комплексом экономических показателей:

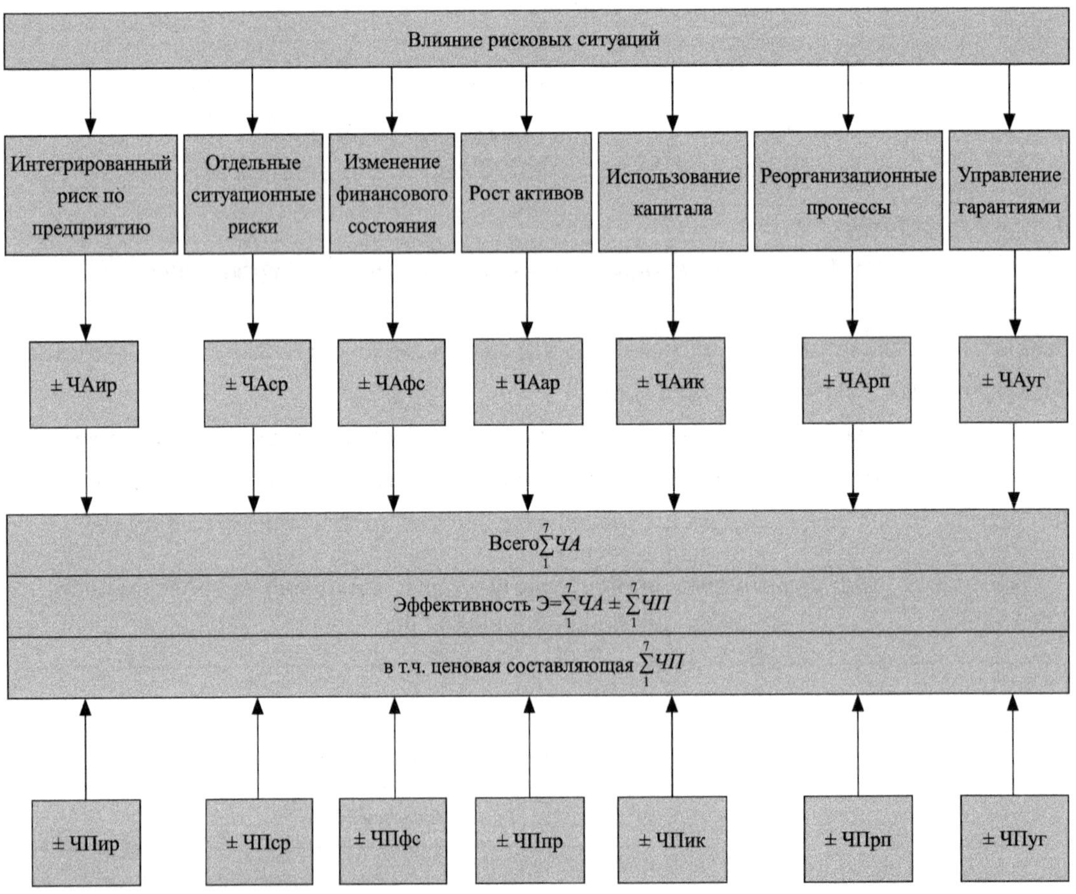


*Источник: составлено автором*

**Рисунок 46 Методика анализа эффективности управленческих решений**

- стоимостью чистых активов, определенных с учётом риска по отдельным ситуациям (ЧАс.р.);
- стоимостью чистых активов с учётом влияния рисков на финансовое состояние предприятия (ЧАф.с.);
- стоимостью чистых активов, определенных с учётом влияния ситуации активов роста (ЧАа.р.);
- влиянием на стоимость чистых активов рисковых ситуаций, связанных с использованием капитала (ЧАи.к.);
- чистыми активами, определенными процессами, связанными с использованием гарантий (ЧАу.г.).

Методика анализа эффективности управленческих решений предполагает следующие этапы:

- отчётная бухгалтерская информация;
- скорректированная бухгалтерская информация;
- резервная система предприятия;
- специфические мониторинговые расчёты;
- отклонения в расчётах;
- эффективность принятых управленческих решений;
- Для постановки на учёт и проведения анализа должны быть оценены, что в отдельных случаях представляет определенные сложности из-за многовариантности возможных расчётов: гаранты и обязательства, полученные и предоставленные.

К гарантиям можно применить следующие методы возможных оценок.

1. Учитывать разницу в стоимости обязательств с гарантией и без гарантий. Этот метод строится на методике определения разницы между приведенной (текущей) стоимостью без рисковых обязательств и стоимостью не гарантированных обязательств.

Рассмотрим на примере ООО «Донпласт», стоимость активов или чистых активов равна 100,0 млн р.

Гарантийное обязательство – 60 млн р.

Безрисковый процент – 5 %.

Рыночный процент – 18 %.

Срок гарантии 1 год.

Отсюда текущая стоимость обязательства с гарантией:

$$\frac{60}{(1+0{,}05)^{1}} = 57{,}1 \text{ млн р.}^{1}$$

1 В китайской экономике стоимость гарантии определяется исходя из 50–60 % рыночной залоговой стоимости имущества.

Стоимость обязательства без гарантий:

$$\frac{60}{(1+0{,}18)}=50{,}8\text{млн р.}$$

Стоимость гарантии равна:

$$(57{,}1 - 50{,}8) = +6{,}3 \text{ млн р.}$$

Если гарантия была выдана на 2 года, то её стоимость составит:

– стоимость обязательства с гарантией:

$$\frac{60}{(1+0{,}05)^2}=57{,}1\text{млн р.}$$

– стоимость обязательства без гарантии:

$$\frac{60}{(1+0{,}18)^2}=43{,}1\text{млн р.}$$

Стоимость двухлетней гарантии составила: 57,1 – 43,1 = 14,0 млн р.

2. Рассчитывать опцион на активы или чистые активы. Метод основан на использовании опционного метода на активы (если речь идет об отдельных активах) или чистые активы (в случае залогов или гарантий, построенных на базе предприятия). Гаранту гарантируется выплата определенной премии. В случае невыполнения опциона потери гаранта составляют разницу между гарантийной стоимостью по контракту и ликвидационной стоимостью предприятия на дату окончания контракта.

3. Применять метод обязательств с гарантиями. Особенность этого метода сводится к созданию и использованию гарантийных резервов и фондов, метод гарантийных обязательств. Он основан на создании по установленным нормативам гарантийного фонда (фондов) и возмещении потерь за счёт этого фонда.

На каждый вид гарантии к счёту 96 «Резервы предстоящих расходов» создаются и используются соответствующие субсчета.

В соответствии со стандартами GAAP, расходы, связанные с выполнением гарантийных обязательств, предварительно резервируются с использованием счёта «Оценочный уровень задолженности по выполнению гарантийных обязательств» с отношением расходов на элемент затраты на выполнение гарантийных обязательств.

Резервирование производится в соответствии с уровнем этих затрат в прошлые периоды путем соизмерения гарантийных расходов к стоимости реализации.

Разница между оценочным и фактическими уровнями затрат по выполнению гарантийных обязательств:

– кредитовая разница остается на счете «Оценочный уровень задолженности по выполнению гарантийных обязательств»;
– дебетовая списывается в затраты по выполнению гарантийных обязательств.

4. Использовать гарантийный производный отчёт. Метод является производным инструментом и основан на составлении и использовании в управлении гарантийного

производного отчёта, составляемого по данным бухгалтерского баланса путем постановки на учет стоимости выданных и полученных гарантий и определения чистых гарантийных активов.

Отклонения по каждому фактору управленческого анализа определяются исходя из того на сколько эффективно функционирует созданная на предприятии резервная система, т.е необходимо провести сравнительный анализ агрегатов резервной системы (ЧАр.с.) с соответствующими специфическими факторами и полученными чистыми активами:

– интегрированный риск: ± ЧАп.р. = ЧАр.с. – ЧАп.р.;

– ситуационные риски: ± ЧАс.р. = ЧАр.с. – ЧАс.р.;

– риски финансового состояния: ± ЧАф.с. = ЧАр.с. – ЧАф.с.;

– риски активов роста: ± ЧАа.р. = ЧАр.с. – ЧАа.р.;

– риски использования капитала: ± ЧАи.к. = ЧАр.с. – ЧАи.к.;

– реорганизационные процессы: ± ЧАр.п. = ЧАр.с. – ЧАр.п.;

– управление гарантиями: ± ЧАу.г. = ЧАр.с. – ЧАу.г.

В целом эффективность управленческих решений определяется по формуле:

$$Э=\sum_{1}^{7}ЧА \pm \sum_{1}^{7}ЧП$$

где ЧП – ценовая составляющая.

Методика анализа эффективности управленческих решений вместе с бухгалтерскими балансами или прогнозными, плановыми балансами направлена на будущее и основана на использовании многовариантных решений.

В качестве базовых показателей в методике анализа эффективности стратегических решений используются чистые активы и чистые пассивы полученные в результате использования многовариантных решений (рисунок 47):

– чистые активы по бухгалтерскому балансу (ЧАб);

– скорректированные чистые активы (ЧАс);

– чистые активы с учётом резервной системы предприятия (ЧАр.с.);

– чистые активы и пассивы с учётом реализации стратегических инициатив (ЧАс.п., ЧПс.п.);

– с учётом реализации инноваций (ЧАи.п; ЧПи.п.);

– мероприятий по эффективному использованию затрат (ЧАз; ЧПз);

– ситуаций по наращиванию собственности (ЧАс; ЧПс);

– ситуаций с использованием венчурного капитала (ЧАв.к.; ЧПв.к.).

Анализ эффективности стратегических решений определяется сопоставлением чистых активов с учётом резервной системы с чистыми активами по каждой из ситуаций: $\sum_{1}^{5}ЧА$ .

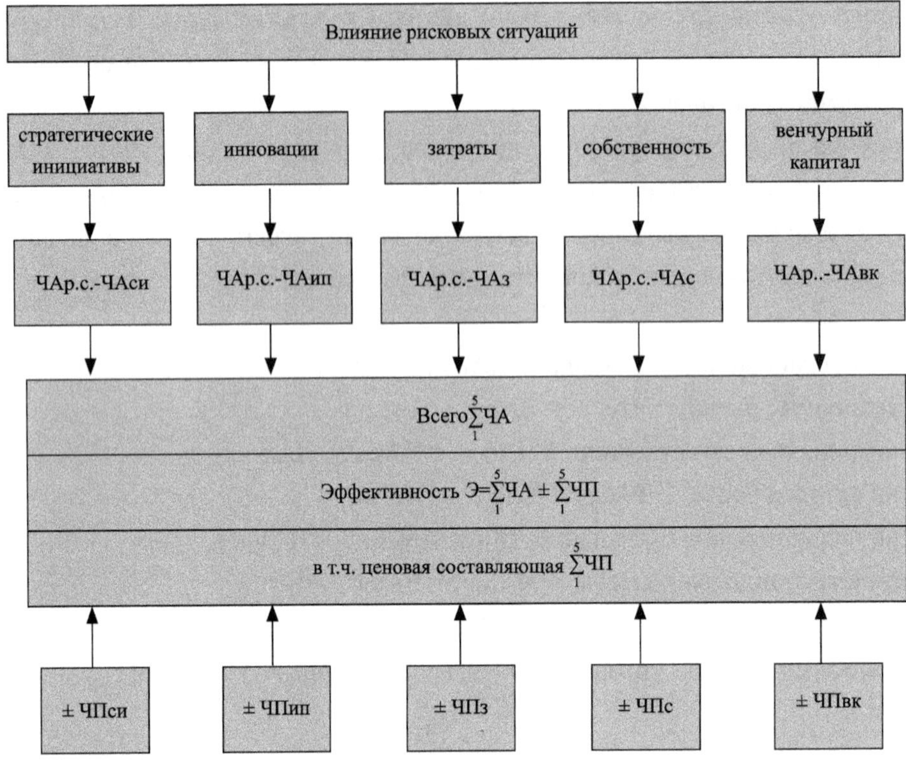


*Источник: составлено автором*

**Рисунок 47 Методика анализа эффективности стратегических решений**

Ценовая составляющая определяется исчислением чистых пассивов по каждому из факторов $\sum_{1}^{5}$ЧП на основе использования процессов гипотетической (фиктивной) реализации.

Ж. Ришар на шестом коллоквиуме по национальному учёту в Париже в 1996 г. сказал « в заданные интервалы производят инвентаризацию активов и их оценивают один за другим, предполагая фиктивно, что они продаются (на рынке). Затем из полученной таким образом суммы активов вычитают сумму кредиторской задолженности, чтобы получить чистые активы, и сравнивают их величину с предыдущим периодом. Из этого предположения, в соответствии с которым предприятие становится ликвидированным, продолжая жить, вытекает специфическая концепция «содержания и оценки статей баланса», реализация этого принципа привела к появлению 50 видов производных отчётов: органических, актуарных, синергетических, иммунизационных, нулёвых, фрактальных стратегических, венчурных и др.

На основе предложенной методика анализа эффективности управленческих решений в организациях дадим оценку экономической эффективности управленческих решений (таблица 20).

**Таблица 20 Оценка экономической эффективности управленческих решений организаций КНР**

| № (п/п) | Наименование организации | Оценка |
|---|---|---|
| 1 | China Communications Company Ltd | 0,69 |
| 2 | Qingdao Leader Machinery | 0,45 |
| 3 | QingDao Winlong Chemical Industrial Co., Ltd | 0,30 |
| 4 | China Shaanxi FYPE Rigid Machinery Co.,Ltd | 1,12 |
| 5 | Eishi shanghai machinery co.,ltd.. | 5,19 |
| 6 | China Construction Holdings Ltd | 1,98 |
| 7 | COSCO International Holding Ltd | 0,77 |
| 8 | Shanghai Electric Group Co Ltd | 0,99 |
| 9 | China Railway Group Ltd | 15,7 |
| 10 | China State Construction International Holdings Limited | 1,14 |

Результативность финансово-хозяйственной деятельности этих субъектов рынка полностью зависит от выбранной стратегии управления. Стратегический менеджмент компании является важным вопросом существования и развития с глобальной и перспективной точкой зрения разработанный под конкурентный вид деятельности. По мере непрерывного роста китайской рыночной экономики и интеграции мировой экономики и рынка, китайские предприятия идут в непрерывном развитии, в то же время перед ними стоит бурная конкуренция, особенно с государственными предприятиями.

Разработанные методики определения эффективности управленческих стратегических решений обеспечивают проведение анализа на основе соизмерения чистых активов с учётом резервной системы предприятия и чистых активов, определенных по результатам реализации отдельных рискованных ситуаций управленческого (интегрированного, ситуационного, финансового, реорганизационного и др.) и стратегических решений (стратегические инициативы, инновации, использование венчурного капитала и др.).

# ЗАКЛЮЧЕНИЕ

Успех в мире бизнеса зависит от правильности выбранной стратегии хозяйствования. Для любого бизнеса важно не избежать риска, а снизить его негативные последствия, такие как банкротство и ликвидация предприятия. Обзор публикаций по вопросам управления рисками показывает, что ещё не разработан метод обобщенного показателя риска для различных ситуаций, отсутствуют границы допустимости рисков для конкретных ситуаций, нет научно-аналитического обеспечения рисков, отсутствует учёт рисковых ситуаций. Управление рисковыми ситуациями, событиями, фактов хозяйственной жизни, позволит эффективно управлять доходами, затратами по элементам; остатками производственных ресурсов; финансовым результатом. Главная цель управления рисками является восстановление стабильности и жизнеспособности бизнеса, а также эффективное использование необходимых финансовых ресурсов, то есть снижение потери долгосрочных рисков и сведение к минимуму постоянных издержек.

Базовые индикаторы обеспечения управления рисками направлены на разделение бизнес-риска, т.е. на риск, зависящий от деятельности компании, и других видов риска, не зависящих от такой деятельности, но их надо прогнозировать.

Всё это ставит перед экономистами проблемы:

1. аналитическое обеспечение рисковых ситуаций в целях их прогнозирования и организации контроля;

2. разработку методики стратегического управления, анализа и контроля рисковыми ситуациями, резервами и резервной системой организаций в целом;

3. организацию управления рисковыми ситуациями: разделение финансовых, операционных и стратегических рисков.

Бизнес-риск определяется риском продукции, работ и услуг, макроэкономическим риском, в основном связанным с изменением рыночной ниши предприятия по сравнению с конкурентами и технологическим риском, определяемым интенсивностью внедрения инноваций.

Управление рисками является частью бизнес-деятельности. Цель управления рисками является выполнением общей цели предприятия. Общая цель предприятия представляет собой максимизацию стоимости предприятия.

Для достижения основной цели диссертационного исследования нами были:

Выявлены причины возникновения внешних и внутренних латентных рисков организации, представленные укрупненными группами (политические, экономические, социальные и технологические – для внешних латентных рисков; операционные, кредитные, рыночные – для внутренних латентных рисков), а также определены объекты внешнего (ситуации во фракталах времени и пространства, стратегические инициативы, собственность, затраты и себестоимость, инновации, венчурный капитал) и внутреннего латентного риска (резервная система предприятия, рыночная составляющая, операционная составляющая, кредитная составляющая), что позволило обосновать необходимость ситуационного управления латентными рисками, выявить его особенности.

Обоснована необходимость интеграции системы управления рисками в резервную систему организации, находящейся под воздействием скрытого, неявного латентного риска, на основе мобилизации внутренних и внешних ресурсов, что позволило обосновать механизм формирования резервной системы и управления латентными рисками организации.

Доказана необходимость стратегического и тактического управления латентными рисками организации с учётом влияния внешних и внутренних факторов латентного риска, что позволило обосновать применение инструментария стратегического менеджмента, построить модель тактического управления рисковыми ситуациями с учётом явного и латентного рисков для минимизации внешних латентных рисков, а также разработать модель управления внутренними латентными рисками.

Проведена оценка степени воздействия внешних и внутренних факторов латентных рисков на объекты хозяйственной деятельности организации на основе использования экспертно-статистического метода к оценке латентного риска, что позволило визуализировать полученные результаты на картах латентных рисков и определить приоритетные направления развития организации с учётом минимизации воздействия данных факторов.

Сформированы предложения по развитию инструментария оценки эффективности управленческих стратегических решений по регулированию рисковых ситуаций, обеспечивающие проведение оценки на основе соизмерения чистых активов с учётом резервной системы предприятия, что является ключевым блоком в информационном обеспечении процесса оценки угроз для снижения неблагоприятных последствий риска до самого минимального уровня путём идентификации, измерения и обработки риска с минимальными затратами.

Модель ситуационного управления рисков идентифицирует комплексные ситуации (экономические, сегментарные, по видам деятельности, влияющие на платежеспособность, финансовое положение, резервную систему) в целях создания системы управления рисковыми ситуациями.

Современное управление рисками представляет собой функцию управления на предприятии, предмет (объект) управления в виде организации чистых активов предприятии, стоимости операций по управлению объектом, анализ и прогнозирование для объекта управления, с учётом различных неопределенностей.

Всё это приводит к необходимости разработки механизмов и методов принятия управленческих решений в отношении, создаваемых на предприятии резервов и рисковых ситуаций. Для обеспечения этих требований необходимо создать систему стратегического управления рисковых ситуаций. Создание системы стратегического управления позволяет осуществлять мониторинг рисковых ситуаций во фракталах времени и пространства, стратегическое управление собственности и инноваций.

Риск представляет собой изменение, которое ведёт к финансовой потере в определённой сфере и определённый период. Риск представляет собой различие между результатами, которые могут возникнуть в конкретных условиях и времени. Если только один результат возникает, то разность равна нулю, и риск нулевой; Если есть несколько возможных результатов, то существуют риски, и чем больше разница, тем больше риск.

Управление переменами обеспечивается использованием программ: резервной системы, интегрированного риска, ситуационного риска, платежеспособности, финансового положения и др.

Разработанные методики стратегических решений обеспечивают проведение анализа на основе соизмерения чистых активов с учётом резервной системы организации и чистых активов, определенных по результатам реализации отдельных рискованных ситуаций управленческого (интегрированного, ситуационного, финансового, реорганизационного и др.) и стратегических решений (стратегические инициативы, инновации, использование венчурного капитала и др.).

# СПИСОК ЛИТЕРАТУРЫ

[1] Абдикеев, Н. М. Управление знаниями корпорации и реинжиниринг бизнеса: учебник / Н. М. Абдикеев, А. Д. Киселев; под науч. ред. Н.М. Абдикеева. – М.: ИНФРА-М, 2011. – 382 с.

[2] Аванесов В.С. Педагогическое измерение латентных качеств / Аванесов В.С. // Педагогическая диагностика. – №4. – 2003.

[3] Акофф Р. Акофф о менеджменте: пер. с англ. / под ред. Л.В. Вояновой.– СПб.: Питер, 202. – 448 с.

[4] Амелина П.Ю. Методические подходы к управлению рисками девелоперских проектов / Амелина П.Ю., Плотников В.А. // Научно-технические ведомости Санкт-Петербургского государственного политехнического университета. Экономические науки. 2011. № 4 (127). С. 170-173.

[5] Анисимов Ю.П. Экономическое и организационное обеспечение стратегического инновационного развития предприятий и комплексов / Анисимов Ю.П., Свиридова С.В. // Экономика и предпринимательство. 2016. № 11-4 (76-4). С. 981-986.

[6] Ансофф, И. Новая корпоративная стратегия / И. Ансофф; под ред. Ю.Н. Каптуревского, пер. с англ. – СПб.: Питер, 1999. – 416 с.

[7] Ансофф, И. Синергизм и деловые способности компании // Э. Кемпбелл, К. С. Лачс, Стратегический синергизм. – 2-е изд. – СПб.: Питер, 2004. – 416с.

[8] Аракельянц Э.С. Контроль модели стратегического развития организации / Аракельянц Э.С., Крохичева Г.Е. // Научное обозрение. 2014. № 10-2. С. 557-560.

[9] Бадалова А.Г Управленческий инструментарий риск-менеджмента: монография / Бадалова А.Г., Москвитин К.П. // Москва, Московский государственный технологический университет “СТАНКИН”, 2012. – 110 с.

[10] Бадалова А.Г. Конкретизация объекта риск-менеджмента на основе разработки сбалансированной классификации / Бадалова А.Г. // Управление финансовыми рисками. 2011. № 3. С. 214-219.

[11] Бадалова А.Г. Организационно-методические аспекты создания и внедрения системы управления рисками на промышленном предприятии / Бадалова А.Г., Гриник О.Д. // Научное обозрение. 2015. № 5. С. 332-335.

[12] Бадалова А.Г. Основные аспекты применения методов распознавания при управлении рисками производственных систем / Бадалова А.Г., Волочиенко В.А. // Вестник МГТУ Станкин. 2014. № 4 (31). С. 220-224.

[13] Бадалова А.Г. Применение интервальных методов анализа основных стоимостных показателей предприятия в системе стратегического управления рисками / Бадалова А.Г., Пантелеев П.А. // Вестник Южно-Российского государственного технического университета (Новочеркасского политехнического института). Серия: Социально-экономические науки. 2011. № 3. С. 37-44.

[14] Бадалова А.Г. Применение метода анализа иерархий для выбора стратегии управления рисками промышленного предприятия / Бадалова А.Г., Пантелеев П.А. // Научное обозрение. 2011. № 5. С. 657-669.

[15] Бадалова А.Г. Процедура и инструменты мониторинга рисков в проектном риск-менеджменте / Бадалова А.Г. // Управление финансовыми рисками. 2015. № 4. С. 278-283.

[16] Бадалова А.Г. Развитие промышленного предприятия: стадии, критерии, риски / Бадалова А.Г., Еленева Ю.Я. // Справочник. Инженерный журнал с приложением. 2012. № 6. С. 42-45.

[17] Бадалова А.Г. Стратегическое управление рисками предприятия инвестиционно-строительной сферы / Бадалова А.Г. // Вестник МГСУ. 2011. № 6. С. 22-28.

[18] Бадалова А.Г. Управление рисками деятельности предприятия /Бадалова А.Г., Пантелеев А.В. // Учебное пособие для студентов, обучающихся по направлению подготовки 080200 “Менеджмент” (профиль “Производственный менеджмент”) / Москва, Закрытое акционерное общество “Издательское предприятие” “Вузовская книга”, 2016. – 234 с.

[19] Бадалова А.Г. Управление рисками при реализации проектов технического перевооружения промышленных предприятий / Бадалова А.Г., Пановский В.Н. // Вестник МГТУ Станкин. 2015. № 1 (32). С. 117-124.

[20] Бадаракко, Дж. Управление альянсами // Э. Кемпбелл, К. С. Лачс. Стратегический синергизм. - 2-е изд. – СПб.: Питер, 2004. – 416 с.

[21] Баззел Р., Гейл Б. Интегрированные стратегии для бизнес-кластеров // Э. Кэмпбелл, К. С. Лачс Стратегический синергизм. – 2-е изд. – СПб.: Питер, 2004. – 416 с.

[22] Балабанов И. Т. Финансовый менеджмент. – М.: Финансы и статистика, 1994. – 224с.

[23] Балансоведение: учеб. пособие / Н.А. Бреславцева [и др.]. – М.: Приор, 2001. – 160 с.

[24] Балдин К.В. Управление рисками / Балдин К.В., Воробьев С.Н. - М.: ЮНИТИ, 2005. – 511 с.

[25] Бартон Т. Л., Шенкир У., Уокер П. Комплексный подход к риск-менеджменту: практика ведущих компаний. - М.: Издательский дом «Вильямс», 2008.

[26] Батыгин Г.С. Лекции по методологии социологических исследований: Учебник для студентов гуманитарных вузов и аспирантов / Батыгин Г.С. – М.: Аспект Пресс, 1994.

[27] Баутин В.М. Устойчивое развитие предприятий на основе рационального использования ресурсов: монография / Баутин В.М., Серебрякова Н.А., Сидоров В.М. – Воронеж: ГОУВПО “Воронежская гос. технологическая акад.”, 2011. – 120 с.

[28] Беккер, Й. Менеджмент процессов / Й. Беккер, Л. Вилков. – М.: Эксмо, 2008. – 384с.

[29] Бендиков, М. Интеллектуальные ресурсы и их роль в новой экономике / М. Бендиков // Консультант директора. - 2002. – № 9 (165). – С. 22-30.

[30] Бернстайн П. Против богов. Укрощение риска. – М.: Олимп-Бизнес, 2000.

[31] Бизнес-анализ деятельности организации: учебник / Л. Н. Усенко и др.; под ред. Л. Н. Усенко. – М.: Альфа-М : ИНФРА-М, 2013. – 560 с.

[32] Бизнес-процессы. Инструменты совершенствования / под ред. Ю. П. Адлера; пер. с англ. – М.: РИА «Стандарты и качество», 2003. – 272 с.

[33] Блейк Дж., Ориол А. Европейский бухгалтерский учёт: справочник: пер. с англ. – М.: Филинъ, 1997. – 400 с.

[34] Богалдин-Малых, В. В. Современный маркетинг в российском бизнесе. Тактика «черного ящика» в рискованной неопределенности. Предпринимательские функциональные операционные стратегии: учеб. пособие / В. В. Богалдин-Малых. – М.: Изд-во Моск. психолого-социального института; Воронеж: Издательство НПО «МОДЭК», 2010. – 960 с.

[35] Боди З., Мертон Р. Финансы: пер. с англ.: учеб. пособие. – М.: Вильямс, 2000. – 592 с.

[36] Борисова М.С. Стратегическое управление промышленным предприятием на основе сбалансированной системы показателей в кризисных условиях хозяйствования / Борисова М.С., Вертакова Ю.В. // Известия Юго-Западного государственного университета. Серия: Экономика. Социология. Менеджмент. 2011. № 2. С. 98-108.

[37] Борисоглебская Л.Н. Управление рисками в современных условиях: монография / Борисоглебская Л.Н., Емельянов С.Г., Криволапов А.Н. - Москва: Издательство “Высшая Школа”, 2009. – 208 с.

[38] Борисоглебская Л.Н. Риск-менеджмент российской экономики / Борисоглебская Л.Н., Емельянов С.Г. // Научные ведомости Белгородского государственного

университета. Серия: История. Политология. Экономика. Информатика. 2007. Т. 2. № 3. С. 154-158.

[39] Брейли Р., Майерс С. Принципы корпоративных финансов / Пер. с англ. – М.: Олимп-Бизнес, 1997. – 560 с.

[40] Бригхем, Ю. Финансовый менеджмент. Полный курс: в 2 т. Т. 2 / Ю. Бригхем, Л. Гапенки; пер. с англ. - СПб: Экономическая школа, 1997. – 669 с.

[41] Буянов В. П. Управление рисками (рискология) / В. П. Буянов, К. А. Кирсанов, Л. А. Михайлов. М. : Экзамен, 2002. – 384 с.

[42] Ван Грюнинг Х., Коэн М. Международные стандарты финансовой отчётности: Практическое пособие: Пер. с англ. – Вашингтон: Всемирный банк, 1999.

[43] Ван Хорн, Дж. К. Основы финансового менеджмента / Дж. К. Ван Хорн, Дж. М. Вахович мл; пер. с англ. – 11-е изд. – М.: ИД «Вильямс», 2003. – 992 с.

[44] Васин С. М. Управление рисками на предприятии : учеб. пособие/ С. М. Васин, В. С. Шутов М. : КНОРУС, 2010. – 304 с.

[45] Вертакова Ю.В. Оценка влияния конкурентной среды на эффективность стратегического управления развитием малого предприятия: методология и практика / Вертакова Ю.В., Леонтьев Е.Д., Плотников В.А. // Известия Юго-Западного государственного университета. Серия: Экономика. Социология. Менеджмент. 2015. № 2 (15). С. 30-36.

[46] Вертакова Ю.В. Государственная политика стратегического развития территорий / Вертакова Ю.В., Якушкина Т.А. // Известия Юго-Западного государственного университета. Серия: Экономика. Социология. Менеджмент. 2014. № 4. С. 209-218.

[47] Вишняков Я. Д. Общая теория рисков : учеб. пособие / Я. Д. Вишняков, Н. Н. Радаев. М. : Академия, 2007. – 368 с.

[48] Воробьев С. Н. Управление рисками в предпринимательстве / С. Н. Воробьев, К. В. Балдин. 2-е изд. – М.: Дашков и К0, 2007. – 772 с.

[49] Гаврилов, В. В. Экономический анализ в разработке финансовой стратегии (учётно-аналитические показатели и модели) / В. В. Гаврилов // Экономический анализ: теория и практика. – 2009. – № 8. – С. 4-9.

[50] Гапоненко, А. Л. Стратегическое управление: учебник / А.Л. Гапоненко, А.П. Панкрухин. – М.: Омега-Л, 2004. – 472 с.

[51] Гапонова С.Н. Стратегические приоритеты экономического развития и их реализация / Гапонова С.Н., Серебрякова Н.А. // В сборнике: Материалы XLIX отчетной научной конференции за 2010 год Министерство образования и науки РФ, Воронежская государственная технологическая академия. Воронеж, 2011. С. 181.

[52] Гитман Л. Дж., Джоник М. Д. Основы инвестирования / пер. с англ. О. В. Буклемишева и др.; науч. ред. И. В. Ивашковская. – М.: Дело, 1997.– 1008 с.

[53] Гримашевич О.Н. Идентификация рисков промышленных предприятий / О.Н. Гримашевич // Наука и общество. 2015. № 2 (21). С. 4-9.

[54] Гуденица, О. В., Ивашиненко, Л. О. Стратегический учёт в коммерческих организациях: учеб.пособие / О. В. Гуденица, Л. О. Ивашиненко; под ред. И.Н. Богатой. – Ростов н/Д: АзовПечать, 2008. – 292 с.

[55] Де Ковин Ш., Такки К. Стратегии хеджирования: Пер. с англ. – М.: ИНФРА-М, 1996.

[56] Доклад Стиглица. О реформе международной валютно-финансовой системы: уроки глобального кризиса: Доклад комиссии финансовых экспертов ООН. – М.: Междунар. Отношения, 2010. – 328 с.

[57] Долятовский, В. А. Методы эволюции и синергетической экономики в управлении: монография / В. А. Долятовский, А. И. Касаков, И. К. Коханенко. – Отрадная: РГЭУ : ИУБиП : ОГИ, 2001. – 577с.

[58] Друзенко А.В. Проактивная парадигма управления рисками инвестиционно-строительного проекта / Друзенко А.В. // Фундаментальные исследования - № 5, 2016 - С. 569-573.

[59] Друкер, П. Информация, которая действительно нужна руководителю / П. Друкер; пер. с англ. – 3-е изд. – М.: ООО «Юнайтед Пресс», 2009. – 220 с.

[60] Екатеринославский Ю.Ю. Управленческие ситуации: анализ и решения. / Екатеринославский Ю.Ю. – М.: Экономика, 1988. – 231 с.

[61] Елиферов, В. Г. Бизнес-процессы: регламентация и управление: учеб / В. Г. Елиферов, В. В. Репин. – М.: ИНФРА-М, 2012. – 319 с.

[62] Емельянов С.Г. Методические подходы принятия решений в условиях риска и неопределенности инновационного маркетинга / Емельянов С.Г., Борисоглебская Л.Н., Серегин С.С. // Известия Юго-Западного государственного университета. 2010. № 2 (31). С. 83-87.

[63] Емельянов С.Г. Структурно-функциональная организация подсистемы распознавания и оценки сложноструктурированных рисков / Емельянов С.Г., Прядко Т.В. // Известия Тульского государственного университета. Серия: Бизнес-процессы и бизнес-системы. 2006.№ 4. С. 10-14.

[64] Жук, И.Н. Управление: словарь-справочник / И. Н. Жук. – М.: Анкил, 2008. – 1024 с.

[65] Ивашкевич, В. Б. Стратегический контроллинг: учеб. пособие / В. Б. Ивашкевич. – М.: Инфра-М : Магистр, 2013. – 216 с.

[66] Каплан, Р. С. Использование сбалансированной системы показателей как системы стратегического управления. Измерение результативности компании / Р. С. Каплан, Д. П. Нортон; пер. с англ. – 3-е изд. – М.: ООО «Юнайтед Пресс», 2009. – 220 с.

[67] Каплан, Р. С. Сбалансированная система показателей, отражающих эффективность. Измерение результативности компании / Р. С. Каплан, Д. П. Нортон; пер. с англ. – 3-е изд. – М.: ООО «Юнайтед Пресс», 2009. – 220 с.

[68] Кармин Т., Маклин Р. Анализ финансовых отчётов (на основе GAAP): учебник; пер. с англ. – 2-е изд.; доп. и перераб. – М.: ИНФРА-М, 1998. – 448 с.

[69] Кастельс М Информационная эпоха: Экономика, общество и культура: пер. с англ. / под ред. О.И. Шкаратана. – М.: ГУ ВШЭ, 2000. – 608с.

[70] Кемпбелл, Э. Стратегический синергизм // Э. Кемпбелл, К.С. Лачс. – 2-е изд. – СПб.: Питер, 2004. – 416 с.

[71] Клейнер, Г. Б. Становление общества знаний в России: социально-экономические аспекты / Г. Б. Клейнер // Общественные науки и современность. – 2005. - № 3. – С. 122-131.

[72] Клыков Ю.И. Ситуационное управление большими системами / Клыков Ю.И.. М., "Энергия", 1974. – 134 с.

[73] Комплексный подход к риска-менеджменту: стоит ли этим заниматься? Т.Бартон [и др.]; пер с англ. – М.: Вильямс, 2003. – 319 с.

[74] Конти, Т. Самооценка в организациях / Т. Конти. – М.: РИА «Стандарты и качество», 1999. – 328 с.

[75] Кох Р. Стратегия: как создать и использовать эффективную стратегию: пер. с англ. – СПб: Питер, 2003.-320с.

[76] Кроновер Р. М. Фракталы и хаос в динамических системах. – М.: Постмаркет, 2000.

[77] Крохичева Г.Е. Адаптивные учётно-аналитические системы стратегического управления организацией: монография / Крохичева Г.Е., Лесняк В.В., Аракельянц Э.С., Музыка Т.Н. // Ставрополь, Издательство Ставролит , 2016. – 208 с.

[78] Крохичева Г.Е. Концептуальный подход к методическому обеспечению стратегического анализа строительных организаций / Крохичева Г.Е., Романова С.В., Балахнин В.П. // Научное обозрение. 2014. № 12-2. С. 614-616.

[79] Крохичева Г.Е. Методика управленческого анализа внешнеторговых рисковых ситуаций в системе холдинга / Крохичева Г.Е., Мезенцева Ю.Р., Витязева Т.А. // Kant. 2016. № 1 (18). С. 113-116.

[80] Крохичева Г.Е. Стратегический учёт резервной системы холдинга и его структур / Крохичева Г.Е., Мезенцева Ю.Р., Сидорина Т.В. // Kant. 2016. № 1 (18). С. 116-120.

[81] Крохичева Г.Е. Стратегия развития строительных предприятий Китая / Крохичева Г.Е., Лю С. // В книге: Строительство и архитектура – 2015. современные информационно-экономические технологии: тенденции и перспективы развития: материалы международной научно-практической конференции. Федеральное государственное бюджетное образовательное учреждение высшего профессионального образования «Ростовский государственный строительный

университет», союз строителей южного федерального округа, ассоциация строителей дона. 2015. С. 303-304.

[82] Крохичева Г.Е. Управление налоговыми рисками в системе экономической безопасности предприятия / Крохичева Г.Е., Уварова А.С. // Kant. 2016. № 2 (19). С. 75-77.

[83] Крохичева Г.Е. Учёт стратегических позиций в управлении / Крохичева Г.Е., Сагамонова Е.В. // В книге: Строительство и архитектура - 2015. современные информационно-экономические технологии: тенденции и перспективы развития: материалы международной научно-практической конференции. Федеральное государственное бюджетное образовательное учреждение высшего профессионального образования «Ростовский государственный строительный университет», союз строителей южного федерального округа, ассоциация строителей дона. 2015. с. 306.

[84] Кудрявцева А.С. Управление рисками. – М.: ИНФРА-М. 2000. – 68 с.

[85] Кунц Г. Управление: системный и ситуационный анализ управленческих функций / Кунц Г., О Доннел С. - М: Прогресс, 1981. – 318 с.

[86] Лазарсфельд П. Математические методы в социальных науках / П. Лазарсфельд, В. Гибсон, Джекоб Маршак. – М.: Прогресс, 1973. – 247 с.

[87] Лапуста, М. Г. Риски в предпринимательской деятельности / М. Г. Лапуста, Л. Г. Шаршукова. - М.: ИНФРА-М : Полимаг, 1996. – 225 с.

[88] Лесняк В.В. Учётно-аналитическое обеспечение адаптивной стратегии коммерческой организации / Лесняк В.В., Крохичева Г.Е., Аракельянц Э.С. // Kant. 2016. № 4 (21). С. 136-142.

[89] Лопатин, В. А. Управление бизнес-процессами / В. А. Лопатин // Управление в кредитной организации. – 2008. – № 6. – С. 41 - 44.

[90] Лю Ч. Интегрированный риск – менеджмент на уровне предприятия: Монография / Лю Ч. Ростов н/Д: РГСУ, 2015.

[91] Лю Ч. Общие принципы ситуационного управления рисками / ЛюЧ./ Казанская наука 2014. №11.

[92] Лю Ч. Стратегическое управление затратами организаций дорожного строительства Китая: Монография / Крохичева Г.Е., Лю С. Ростов н/Д: РГСУ, 2014.

[93] Лю Ч. Механизмы принятия управленческих решений в рисковых ситуациях экономической деятельности предприятия / Лю Ч./ Вестник ИДНК 2015 №4.

[94] Лю Ч. Финансовое управление и контроль за капитальным строительством в Китае./ ЛюЧ., Лю С., Крохичева Г.Е./ Научное обозрение 2014. №10, часть 3.

[95] Лю Ч. Формирование комплексной системы управления рисками организаций дорожного строительства Китая: Монография / Крохичева Г.Е., Лю С. Ростов н/Д: РГСУ, 2014.

[96] Лютенс, Ф. Организационное поведение: учеб. для вузов / Ф. Лютенс; пер. с англ. – М.: ИНФРА-М, 1999. – 692 с.

[97] Маккатри М. П., Флинн Т. П. Риск: управление риском на уровне топменеджеров и советов директоров: пер. с англ. – М.: Альпина Бизнес Букс, 2005.

[98] Макконнелл К.Р., Брю С.Л. Экономикс: Принципы, проблемы и политика: – в 2 т.; пер. с англ. – 11-е изд.–М.: Республика, 1992. – Т.2. – 400 с.

[99] Малер Г. Производные финансовые инструменты: прибыли и убытки – М.: ИНФРА-М, 1996.

[100] Мартынов А.В. Разработка стратегии предприятия // http://www.cfin.ru/management/strategy/martynov.shtml.

[101] Медведев, Д. А. Выступление на совещании по вопросу формирования в России международного финансового центра / [Электронный ресурс] Официальный сайт Президента России. http://www.kremlin.ru/news/10519.

[102] Международные основы профессиональной практики внутреннего аудита. – iia-ru.ru/files/documents/Standards rus 2013. – 21с.

[103] Мельник, М. В. Трансакционные издержки как объект управленческого учёта / М. В. Мельник // Управленческий учёт. – 2008. – № 11 – С. 17-26.

[104] Менеджмент организации. Руководящие указания по достижению экономического эффекта в системе менеджмента качества. ГОСТ Р ИСО 10014-2008: приказ Ростехрегулирования от 18.12.2008 № 472-ст [Электронный ресурс]. – Электронно-правовая система «Консультант Плюс».

[105] Мизиковский, Е. А., Дружиловская Т.Ю. Методология формирования финансовой отчётности в системах российских и международных стандартов: монография / Е. А. Мизиковский, Т. Ю. Дружиловская. – Н. Новгород: Нижегородский госуниверситет им. Н. И. Лобачевского, 2013. – 332 с.

[106] Митина О.В. Моделирование латентных изменений с помощью структурных уравнений / Митина О.В. // Экспериментальная психология. 2008. №1. – С. 131-148.

[107] Муругов Е.И. Концептуальный подход к учётно-аналитическому обеспечению управления предприятием // Бухгалтерский учёт и анализ в системе управления предприятием: Сборник статей. – Ростов н/Д: РГСУ, 2005. – 208 с.

[108] Найт Ф. Риск, неопределенность и прибыль. - М.: Дело, 2003.

[109] Несс, Дж. А. Как полностью реализовать потенциал учёта затрат по видам деятельности. Измерение результативности компании / Дж. А. Несс, Т. Дж. Кукуза; пер. с англ.– М.: ООО «Юнайтед Пресс», 2009. – 220с.

[110] Низамова Г.З. Вопросы идентификации рисков финансирования инвестиционных проектов (ИП)/ Низамова Г.З. // Новая наука: Стратегии и векторы развития. 2016. № 3-1 (70). С. 202-206.

[111] Николаева, О. Е. Управленческий учёт / О. Е. Николаева, Т. В. Шишкова. - 5-е изд. – М.: Едиториал УРСС, 2004. – 320 с.

[112] Николаева, О. Е. Стратегический управленческий учёт / О. Е. Николаева, О. В. Алексеева. – М.: Едиториал УРСС, 2003. – 304 с.

[113] Николаенко, А. В. Формирование информации о бизнес-процессах в учётно-аналитической системе / А. В. Николаенко // Управленческий учёт. – 2011. – № 11. – С. 45 - 54.

[114] Ойхман, Е. Г. Реинжиниринг бизнеса: реинжиниринг организаций и информационные технологии / Е. Г. Ойхман, Э. М. Попов. – М.: Финансы и статистика, 1997. – 333 с.

[115] Официальный сайт Американского центра производительности и качества. / [Электронный ресурс] / URL: http://www.apqc.org /portal/apqc/site/generic.

[116] Официальный сайт Европейского фонда управления качеством. / [Электронный ресурс] / URL: http://www.exellenceone. efqm.org.

[117] Официальный сайт компании «Реал БС» / [Электронный ресурс] / URL: http://www.real-bs.ru.

[118] Официальный сайт Новозеландского исследовательского центра организационного совершенствования (BPIR) / [Электронный ресурс] / URL: http://www.bpir.com.

[119] Оценка интеллектуальной собственности: учеб. пособие / Под ред. С.А. Смирнова. – М.: Финансы и статистика, 2003. – 352 с.

[120] Парасоцкая, Н. Н. Бизнес-процессы как способ повышения эффективности принимаемых управленческих решений / Н. Н. Парасоцкая // Все для бухгалтера. – 2010. – № 6. – С. 19-23.

[121] Пивкин, С. А. Универсальные виды деятельности как центры затрат предприятия / С.А. Пивкин // Управленческий учёт. – 2009. – № 9. – С. 39 - 49.

[122] Плотников В.А. Глобальные проблемы социально-экономического развития и нейтрализации рисков экономической безопасности периода экономического кризиса / Плотников В.А. // Экономика и управление. 2009. № 3 S6. С. 12-16.

[123] Плотников В.А. Управление рыночными рисками деятельности предприятий на основе использования методов нечеткой логики / Плотников В.А., Серегин С.С. // Экономика и управление. 2011. № 3 (65). С. 79-82.

[124] Попов, А. Н. Прогрессивные методики анализа в финансовом менеджменте / А. Н. Попов, Г. Н. Пряхин. – Челябинск: ЧелГУ, 2004. – 88 с.

[125] Портер, М. Э. Конкуренция: учеб. пособие / М. Э. Портер; пер. с англ. – М.: ИД «Вильямс», 2000 – 495 с.

[126] Поспелов Д.А. Ситуационное управление. Теория и практика / Поспелов Д.А. - М.: Наука, 1986г., 288 с.

[127] Рамперсад, Х. TPS-Lean Six Sigma. Новый подход к созданию высокоэффективной компании / Х. Рамперсад, А. Эль-Хомси; пер. с англ., под науч. ред. В. Л. Шпера – М.: Стандарты и качество, 2009. – 416 с.

[128] Растамханова, Л. Н. Теория, методология и организация систем внутреннего контроля в условиях управленческого консалтинга:дис. … д-ра экон. наук: 08.00.12 / Растамханова Любовь Николаевна. – Йошкар-Ола, 2009. – 366 с.

[129] Реген, Вернер. Формирование конкурентоспособной стратегии зарубежной компании на российском строительном рынке, основанной на самоорганизации: дис. … д-ра экон. наук. 08.00.05 / Реген Вернер. – СПб., 2005. – 298 с.

[130] Репин, В. В. Бизнес-процессы компании: построение, анализ, регламентация / В. В. Репин. – М.: РИА «Стандарты и качество», 2007. – 240с.

[131] Ригби, Д. Рейтинг инструментов менеджмента / Д. Ригби // Деловое совершенство. – 2006. – №11. – С. 20 - 21.

[132] Ритвельдт, Д. Сравнительный анализ эффективности предприятий как инструмент стратегического планирования / Д. Ритвельдт, В. Качалин. – [Электронныйресурс] URL: http://www.vasilievaa.narod.ru/ptpu/7_3_00.htm.

[133] Ришар Ж. Шмаленбах Ойгейн (1873 – 1955)// Классики менеджмента/ под ред. М.Уорнера; пер с англ. Под ред. Ю.Н. Картуревского. – СПб.:Питер, 2001. – 116с.

[134] Робсон, М. Реинжиниринг бизнес-процессов: практ. руководство / М. Робсон, Ф. Уллах; пер. с англ. под ред. Н.Д. Эриашвили. – М.: ЮНИТИ-ДАНА, 2003. – 222 с.

[135] Рогов М. А. Риск-менеджмент. – М: Финансы и статистика, 2001.

[136] Рэдхэд К., Хьюс С. Управление финансовыми рисками: Пер. с англ. – М.: ИНФРА-М, 1996.

[137] Свиридова С.В. Формирование организационно-экономического механизма реализации стратегии инновационного развития промышленных предприятий / Свиридова С.В. // Организатор производства. 2016. № 1 (68). С. 73-79.

[138] Свиридова С.В. Методика производственно-экономической оценки стратегии инновационного развития предприятий с использованием параметрической модели Раша / Свиридова С.В. // Экономические и гуманитарные науки. 2016. № 3 (290). С. 20-28.

[139] Свиридова С.В. Процедура прогнозирования стратегического развития инновационно-производственных комплексов / Свиридова С.В. // Современные тенденции развития науки и технологий. 2016. № 1-10. С. 123-125.

[140] Севенард, К.Ю. Трансформация экономических знаний в области изучения конкурентоспособности стран / К. Ю. Севенард. - СПб.: Изд-во СПбГТУ, 2001. – 32 с.

[141] Серегин С.С. Оценка рисков и эффективности маркетинга предприятия на

основе нечеткой логики принятия решений: учебное пособие/ Серегин С.С., Емельянов С.Г., Вертакова Ю.В., Кореневский Н.А. - Курск, Юго-Западный государственный университет, 2010. – 56 с.

[142] Сио К.К. Управленческая экономика: пер. с англ. – М.: ИНФРА-М, 2000. – 671 с.

[143] Ситникова Н. Ю., Хоминич И. П. Революция в риск-менеджменте// Банковские технологии. 2000. №12.

[144] Сквирская, Е. Л. Риск-ориентированный аудит: новое в концепции существенности / Е. Л. Сквирская // Финансовые и бухгалтерские консультации. – 2009. - № 2. – С. 11-14.

[145] Смольянова Е.Л. Управление финансовой стабилизацией предприятия / Смольянова Е.Л., Серебрякова Н.А. // В сборнике: Материалы XLVIII отчётной научной конференции за 2009 год в 3 частях. Федеральное агентство по образованию, Воронежская государственная технологическая академия. 2010. С. 81.

[146] Становский А. Л. Идентификация латентных рисков при управлении проектом создания Международного студенческого центра рекреации и туризма / Становский А. Л., Щедров И. Н., Гурьев И. Н., // Управління проектами: стан та перспективи X Міжнародна науково-практична конференція web-site: conference. nuos.edu.ua.

[147] Становский А.Л. Проактивное управление латентными рисками / Становский А.Л., Березовская Е.И., Добровольская В.В. // В сборнике: Информационные технологии и информационная безопасность в науке, технике и образовании "Инфотех - 2015" Материалы международной научно-практической конференции. М-во образования и науки Российской Федерации, Севастоп. гос. ун-т; науч. ред. А.В.Скатков. 2015. С. 52.

[148] Стратегический учёт : учеб. пособие / под ред. В. Э. Керимова. – М.: Омега-Л., 2005. – 168 с.

[149] Сухарев, О. С. Эволюционная экономика. Институты – структура, кризисы – рост, технологии – эффективность / О. С. Сухарев. – М.: Финансы и статистика, 2012. – 800 с.

[150] Теория и практика принятия и реализации управленческих решений в предпринимательстве / А.Н. Асаул, [и др.]. – СПб.: АНО «ИПЭВ», 2014. - 304 с.

[151] Теория и практика экономики и социологии знания. Научный совет по Программе фунд. исслед. Президиума РАН «Экономика и социология знания». – М.: Наука, 2007. – 153 с.

[152] Терни П. Разумный учёт: как получить истинную картину затрат с помощью системы АВС/Питер Терни; Пер. с англ. Татьяны Родиной, к.э.н. О. Поповой, Н. Пирогова. – М.: ИД «Секреты фирмы», 2006. – 348 с.

[153] Титаренко Б. П. Управление рисками в рамках системной модели проектно-ориентированного управления // Управление проекта-ми и программами. – 2006. – № 1 (5). – С. 76-89.

[154] Ткач В. И., Агеев И.М., Ильчинко Е.В., Крохичева Г.Е., Сеферова И. Ф. Финансовый и управленческий учёт резервной системы предприятия. – Ростов н/Д: Изд – во РГСУ, 2011. – 103 с.

[155] Трушковская Е.Д. Роль идентификации рисков при управлении инновационными проектами в инвестиционно-строительной сфер / Трушковская Е.Д., Ряскова Н.В. // Вестник гражданских инженеров. 2015. № 6 (53). С. 288-293.

[156] Туоминен, К. Качество управления изменениями / К. Туоминен; пер. с англ. А. Л. Раскина – М.: РИА «Стандарты и качество», 2008. – 96 с.

[157] Удовиченко А.И. Экономические стратегии управления бизнесом в рыночных условиях: монография / Удовиченко А.И., Серебрякова Н.А., Чуриков Л.И. - Воронеж, Воронежская государственная технологическая академия, 2005. – 625 с.

[158] Финансово-кредитный энциклопедический словарь / под ред. А.Г. Грязновой. – М.: Финансы и статистика, 2002. – 1168 с.

[159] Фляйшер, К. Стратегический и конкурентный анализ. Методы и средства конкурентного анализа в бизнесе / К. Фляйшер. – М.: БИНОМ : Лаборатория знаний, 2005. – 541 с.

[160] Хакен, Г. Синергетика: иерархия неустойчивостей в самоорганизующихся системах и устройствах / Г. Хакен; пер. с англ. Ю.А. Данилова; под общ. ред. Ю.Л. Климонтовича. М.: «МИР», 1985. – 424 с.

[161] Хаммер М. Совершенство управления процессами / М. Хаммер, Дж. Чампи. – М.: РИА «Стандарты и качество», 2007. – 419 с.

[162] Хант Б. Событие момента: настойчивый подьем риск – менеджмента // Дж. Пикфорд. Управление рисками: Пер. с англ. О.Н. Матвеевой .- М:ООО «Вершина», 2004. – 352 с.

[163] Харман Г. Современный факторный анализ / Харман Г. - «Статистика», Москва, 1972.

[164] Харрингтон, Дж. Совершенство управления ресурсами / Дж. Харингтон; пер. с англ. А.Л. Раскина, В.В. Шахлевича; под науч. ред. В.В. Брагина. – М.: РИА «Стандарты и качество», 2008. – 352 с.

[165] Харрингтон, Х. Дж. Три метода достижений радикальных улучшений. Технологии улучшения качества и бизнеса / Х. Дж. Харрингтон. – М.: НТК «Трек», 2002. – 44 с.

[166] Хикс Дж.Р. Стоимость и капитал / Пер. с англ.; общ. ред. и вступ. статья Р.М.Энтова. – М.: Прогресс, 1993. – 448 с.

[167] Хилла С. Медиация как метод решения конфликтов // Акционерное общество:

вопросы корпоративного управления. – 2005. – № 4 (17). – С. 34 - 41.

[168] Хозяйственный риск и методы его измерения / Т.Бачкай [и др.]: пер. с венг. – М.: Экономика, 1979.

[169] Холт Р.Н. Основы финансового менеджмента: пер. с англ. – М.: Дело ЛТД, 1995. – 128 с.

[170] Холхаузен Р., Ларкер Д. Эффективность и обращение операций по выкупу компании в кредит / Финансы: пер. с англ. – М.: Олимп-бизнес, 1998. – 560 с.

[171] Хорин, А. Н. Стратегический анализ: учеб. пособие / А.Н. Хорин, В.Э. Керимов.– М.: Эксмо, 2009. – 480 с.

[172] Хэрри, М. 6 SIGMA / М. Хэрри, Р. Шредер. – М.: ЭКСМО, 2003. – 464 с.

[173] Чепаченко Н.В. Экономика предприятия: эффективное управление предприятием: Учеб. пособие / Н.В. Чепаченко, Л.М. Чистов. СПб., 1999. – 150 с.

[174] Шаш Н.Н. Обучение персонала. Ситуационный менеджмент / Шаш Н.Н. - М.:ИД «РАВНОВЕСИЕ», 2007. – 326 с.

[175] Швец С.К. Интегральные метрики оценки рисков нефинансовой компании / Швец С.К. // Известия Санкт-Петербургского государственного экономического университета. 2015. № 5. С. 72-77.

[176] Швец С.К. Методические принципы разработки системы элиминирования рисков нефинансовой компании / Швец С.К. // Вестник образования и развития науки Российской академии естественных наук. 2014. № 1 (18). С. 59-63.

[177] Швец С.К. Прогнозная оценка рисковой стоимости компании с использованием технологии CORPORATEMETRICS / Швец С.К. // Известия Санкт-Петербургского государственного экономического университета. 2015. № 6. С. 33-40.

[178] Швец С.К. Управление валютными рисками нефинансовой компании: методы и инструменты / Швец С.К. // Известия Санкт-Петербургского государственного экономического университета. 2016. № 6 (102). С. 29-41.

[179] Швец С.К. Эволюция концепций корпоративного риск-менеджмента: этапы и парадигмы / Швец С.К. // Вестник образования и развития науки Российской академии естественных наук. 2013. № 4. С. 43-51.

[180] Шкурко, В. Е. Управление рисками проектов: [учеб. пособие] / В. Е. Шкурко – Екатеринбург: Изд-во Урал. ун-та, 2014. – 184 с.

[181] Экклз, Р. Дж. Манифест революции в оценке работы компаний. Измерение результативности компании / Р. Дж. Экклз; пер. с англ. – 3-е изд. – М.: ООО «Юнайтед Пресс», 2009. – 220 с.

[182] Эрроу К. Восприятие риска в психологии и экономической науке // THESIS. 1994. №5. С. 81-90.

[183] Andersen, B., Per-Gaute P. The Benchmarking Handbook: Step-by-Step Instruction.

Chapman & Hall. – London, England. – 2006.

[184] Beadle, I., Searstone K. An investigation into the use of benchmarking within quality programmes, in Kanji, G.K. ed, Total Quality Managment: proceedings of the first world congress. – London, 2005. – pp.509-512.

[185] Bhutta, K.S., Huq F. Benchmarking – Best practices: an integrated approach // Benchmarking An International Journal. – 1999. – vol. 6. No 3. – pp. 254-258.

[186] Bollen K., «Latent variables in psychology and the social sciences».

[187] Camp, R. C. 1989. Benchmarking: The search for industry best that lead to superior performance. Milwaukee, Wis.: Quality Press and White Plains, N.Y.: Quality Resources.

[188] Cassel C., Nadin S., Gray M.O. The use and effectiveness of benchmarking in SMEs // Benchmarking: An International Journal. – 2001. – Vol. 8, №. 3. – 2001. - P. 212-222.

[189] Elliot R.K. Unique audit methods: Peat Marwick International // Auditing: A Journal of practice and Theory. - 1983. – vol. 2. – No 2. – p. 1 –12.

[190] Gardner J. W. Self-Renewal: The Individual & the Innovative Society // WW Norton & Co Inc, 1995. –176 p.

[191] Gay G. D., Medero J. T. The economics of derivatives documentation: Private contracting as a substitute for government regulation // In: Schwartz R. J., Smith C. W., Jr. (eds.) Derivatives handbook: Risk management and control. – N.Y: John Wiley & Sons, 2007 P. 233-247.

[192] Housley J. Benchmarking – is it worth it? Perspectives. – volume 3. – number 3. – autumn 1999. – pp.74-78.

[193] Joreskog KG, Sorbom D. Advancesin Factor Analysis and Structural Equation Models, p.105 Cambridge, MA: Abt Books, 1979.

[194] Kaye M., Dyason M. Benchmarking for Strategic Advantage. – 44th European Quality Congress Proceedings, 2000, vol. 1, p. 227-233.

[195] KonSi-DEA Analysis. Сайт разработчика и дистрибьютора программы KonSi-DEA Analysis. http://www.data-envelopment-analysis.ru/

[196] Kritsonis A. Comparison of Change Theories // International Journal of Scholarly. – 2005. Vol. 8. No. 1, pp. 1-7.

[197] Markowitz H. Portfolio selection //The Journal of Finance, 1952. – T 7, Vol 1, pp. 77-91.

[198] Nunnally JC. Psychometric Theory., NewYork: McGraw-Hill, 1978.

[199] Peter L. Bernstein. Against the Gods: The Remarkable Story of Risk.-Inc, John Wiley and Sons, 1996. – 426 p.

[200] Plat R. Essays on Valuation and Risk Management for Insurers. Wöhrmann Print Service, Zutphen, The Netherlands, 2010, 156 p.

[201] Smith H., Fingar P., Business Process Management: The Thid Wave/ Mtghan-Kiffer Press, Tampa, 2003. – 312 p.

[202] Bain & Company Global Tools and Trends 2009. www.bain.com.

[203] Sowowa K. Analiza miedzukladowa, Warszawa, 1968.

[204] Stehr, N., Knowledge Societies. London: Sage, 1994.

[205] Surveying Industry's Benchmarking Practices, APQC International Benchmarking ClearingHouse. Houston, Texas, 2010. p. 15-20.

[206] Szegedi E., Miko G. Benchmarking for Business Excellence. – 44th European Quality Congress Proceedings, 2000, vol. 3, p. 227-233.

[207] The Benchmarking Exchange Six Sigma Survey, www. Benchnet.com.

[208] Williams C. Risk Management and Insurance. 6th ed. New York: McGraw-Hill, 1989, p. 836.